Cher lecteur !

Voici un synopsis d'une vision de la France en 2009. D'aucune façon, ce n'est un Évangile de plus sur les consciences ou une onction de la vérité révélée, mais juste une évasion réflexive… poétique sur le ton du pamphlet. Un livre pour tous, et pour personne.

# MORTAL
# COMPAS

Un spleen remonte l'embouchure de mes pensées afin d'embraser maints souvenirs d'antan.

D'un tel aveu, zéro méli-mélo ! Juste un élan récidiviste qui vous ronge tant l'artère au point d'en être qu'un voyant intermittent.

De là, aucun mot ne serait de trop lorsqu'il s'agira d'inventorier ses propriétés aux touchantes désolations.

1… 2… 3, voici l'embargo !
Embarquement immédiat !

L'eau a vachement coulé sous les ponts comme autrefois ainsi que de nos vains espoirs alléchants.

Des baïonnettes déterrées des caves de la pensée ont fleuri de leurs plus gadiambs[1] chrysanthèmes.

Et ce qu'on peut d'ores et déjà saisir au-delà du crépitement du clavier, c'est que ça sent l'éternel retour de l'infect… de l'affreux sous le fard d'un dandysme maniéré.

Ô, mes frères ! Parlons-en d'espoir. De celui-là même qui vous oriente vers des boussoles d'hallucinations… de ce mini sérum qui prolonge la fourberie jusqu'à l'infini.

---

[1] Beaux.

D'une âme, il y regorge autant d'espoirs continuels que d'illusions… d'un enfièvrement d'espoirs aussi bien au-dedans qu'à l'envers des mots. Et rien que pour la énième fois de cette simple allusion, j'y accolerai mon cher pays.

*

Nous voici en 2009 ! Et bientôt, ça sera, rebelote, ces élections… la valse des orpailleurs de l'absurde… de cinq années de vicissitudes.
Sur ce, on gobera ces faciles promesses d'un espoir… le rituel usuel, disons-le, afin d'affermir de prochaines stratégies émotionnelles.
Ceux qui boufferont les pissenlits par la racine seront d'ores et déjà comptabilisés aux banquets des chronophages.

Au fil des rebondissements… courbettes aux hémicycles, quelques élus ventrus y rétorqueront candidement de n'avoir aucune prise sur leur gentil Voldemort qu'est la Crise.
Chacun d'eux protestera que tout ceci est dû aux externalités contraignantes en dévoilant leurs moisissures des sièges craquelés comme un Label à l'injustice

Qui suis-je donc pour oser une telle insolence… voire un tel blasphème quand l'appareil d'État n'est qu'un divin ministère refoulé ?
J'suis l'ombre d'un drôle de Moby Dick errant aussi bien de l'esprit des dieux estropiés que d'une

déchéance… l'ombre d'un destin qui trépasse au fredonnement de la nuit des hommes. J'suis une âme en rodage quand de joyeux encéphales miment l'orage noir des soirs de Cristal.

Pff ! qu'importe qui j'suis après tout, j'défie quiconque de savoir une telle réponse sur cette location éphémère que nous sommes.

L'essentiel se vit ailleurs… aux prochains pelotons d'exécutions sommaires. X files !

*

Ô, si chacun de nous avait su se zoomer parfaitement, il y aurait eu moins d'incessantes volontés de se saisir ailleurs !

Même ce beau vilain visage de Narcisse que voilà colporté vers divers élans de l'humanité a de fortes chances d'être compris par ses propres reflets.

Comme quoi l'adage qui voudrait qu'il faille se connaître un peu pour assimiler l'altérité de l'autre sonne carrément vrai !

Perso, j'en ai vu certains kiffer les autres non pas pour leurs ipséités, mais juste comme un moyen de justifier leurs incapacités de se voir présent au monde.

Qu'un tel alibi soit réconfortant, relaxant pour les déboires d'un cœur maladif !

Comme quoi, y enraciner exclusivement l'autre comme seule unique accession à soi, c'est tout, sauf de la philanthropie.

*

D'un automne où se bourgeonneront maints cris du silence, ça sera nous, les prochains 50 Otages d'un idéal qui nous aurait bonnement zappés.
Et ce n'est point les prédictions confuses d'un énième Nostradamus-Picsou sous Lexomil, mais juste le pressentiment des plus sincères d'une époque à l'apogée d'une psychose qu'on qualifie d'égoïsme.

*

Comme tant d'autres, j'y crèverais la fleur au fusil pour avoir galvanisé la timbale patriotique d'une soi-disant France appartenue.
Les éviscérations à peine achevées, entre compagnons d'infortune, nous serons tous sous les barricades dans l'optique d'apprécier en tant que bouc émissaire national, la paix de l'opulence.

« Morts pour la France », voilà le plat de résistance pour ceux qui évoqueront nos noms, nos actes sans avoir aucune miette de notre bravoure.
Et sur les cendres de notre héroïsme, il y en aura zéro germe de louanges. Aucun !
Oui, mes frères, nous serons ces Anonymous des archives… ces soldats inconnus des bataillons méconnus ou l'alibi des pouacres pour des carrières de serpent.

Un jour, toujours est-il, il faudra s'y tenir prêt. Contre qui ?
Laissons pour cela les assemblées bancaires… euh ! parlementaires. Pardon du lapsus volontaire !

Chacun de nous épaulera sa machette, gâchette funéraire impayée de chez un Monseigneur Ford en ayant sa photo d'asticot familial en guise d'apaisement neuronal.
Et, ça sera sous les sifflements de la mitraille, des déflagrations neuronales qu'on épargnera son foyer, sa soi-disant patrie ou ces générations ultérieures qui vous zapperont d'un clic.

De là, nous serons avant même la débâcle officielle, des propagandes infécondes pour le sang sacré de la Nation.
Ensemble, nous chantonnerons des « et 1, et 2, et 3, zéro » lors des marches militaires à la vue des slogans cupides d'un monde d'abattoir.
Ouille ! Et nos postures en plein midi auront des airs d'un déjà vu sous d'épaisses foules de mouchoirs brandis en soutien des futures embrouilles.

Rien que pour une fois, la fierté s'enorgueillira. L'impression illusoire… mais sincère d'être aimé, estimé vous gagnera. Puis, une fois l'hymne achevé, ça sera bonjour la solitude au portillon de l'Ankou.

*

Bref ! Pendant qu'une balle annonce déjà la résonance de la mort au côté droit d'un énième dormeur du Val, à l'impro, chacun se verrait bien en sacré déserteur primé des Boris Vian.

Sauve qui peut ! Boum badaboum ! Et voilà un décès de plus… un allocataire de la CAF en moins.

De cette télé-réalité que deviendra la guerre, il y aura en réclame des majorettes, spécialement venues pour le moral des Warriors.

Coïncidence oblige, elles s'appelleront : « Jeanne d'Arc ». Ces belles obèses d'absurdités assorties de leurs french cancans nous bombarderont de leurs réconforts à cellulites ; alors qu'au camp d'en face… à l'autre bout des sillons, nous materons de lascives Britney SPEER emballées au bras des Rocco Siffredi abonnés aux stupres. Oh ! les veinards.

Halte ! J'piaffe seul. Ne fuyez pas ce moral en berne !

# 1.

Dès l'aube, lors des récitals de la Marseillaise quelques couardises s'enfanteront.
Les artilleries adorées seront jetées aux orties, et ces mêmes orties seront recyclées en idéologies verdâtres vers l'hallali des pogroms inconscients.

Par frustration sans doute, quelques-uns d'entre nous seront prêts à en découdre d'une bonne fois pour rien. Tonnerre de Brest !
De là, chacun étripera joyeusement le frangin d'en face qui lui aussi, aura eu comme service d'ordre l'embrigadement escompté jusqu'à ce qu'une nouvelle pomme soit tranchée en deux d'une paix nourricière.

Ouf ! le v'là donc, ce décor dégueulasse soit ! Inutile de se voiler d'une burka. Ça fuse aussi sec qu'une giclée de sperme.

Vous savez, ce n'est d'aucune façon l'apologie des holocaustes familiers, mais de l'angoisse… de la pétoche au ventre d'y laisser à nos marmailles de probables sifflements de balles, alors que vivant, aucun de nous n'a été capable d'anticiper quoi que ce soit… AUCUN, au motif qu'il y a encore trop d'oseilles à s'empiffrer avant qu'un Asiate mondialisé rafle la mise.

\*

Le citoyen lambda, ce Surfer d'Argent de l'émoi qui s'empiffre des lobotomies affriolantes. Lui, l'Indigné d'un jour qui vote en faveur d'un candidat juste pour insuffler à sa démocratie une lettre de noblesse.

Vive la Ripoublique ! Vive la Démoncratie ! s'écrie-t-il devant une liesse qui avalise maintes chimères de son délire.
Ainsi s'élit un énième Président-Tartuffe juste parce que celui-ci s'enfile de mêmes affinités que lui… bouffe les mêmes détritus que lui… ou semble aussi scatophile que lui. Et qui sait, il se pourrait même que celui-ci soit aussi vicelard que pudibond que lui ?

Voilà comment d'un œil enfantin, on vote, s'emmaillote de discours angéliques en se croyant chef par procuration.
Et pendant ce temps, le vrai chef, lui, Louis 14 des caméléons, y refourguera à la suite du speech usuel son bleu de chauffe à l'assistant en Com.

*

D'un été sur fond de crises mondialisées le manège en serments enchantés a bien changé.
Le Français Zubuloné squatte les ondes FM… déverse ses énièmes quolibets à cause des duperies facilement acquises.

Comme le dit papy : « *se faire avoir une fois, c'est une erreur, mais mille fois, ça relève à de l'addiction ou simplement de l'expression d'un sadisme refoulé, voire de la complicité* ».

En ce qui me concerne, j'n'ai jamais eu le pin's du sadisme… et j'l'assume, surtout quand certains ont oublié qu'un éléphant, ça ne trompe pas qu'énormément.

## 2.

De plus en plus, j'sens autour de moi… en moi, un dépit profond de la vie, sauf lors de ces fêtes foraines que sont devenues les manifs syndicales.
Est-ce bien moi qui vois la réalité ainsi ? Ou est-ce l'implacable vérité, la seule… l'impossible, dont ces yeux s'efforcent d'y maquiller autrement ?

Épiez-y les gens des tramways nantais… Ola, zéro détail ! Même Satan n'aurait jamais vécu au-dessus de tels visages dépourvus d'envie de vivre.
C'est à croire que dès que vous zappez BFMTV en vue d'un songe de somnifères, la gazinière, jamais trop loin, jamais trop près, vous cligne déjà d'un œil de corbillard. Point !

*

La misère a eu son veto en misant ses euros à la Madoff sur le forfait d'une France à la ramasse.
Partout, la crise s'achemine au Hit-parade des ulcères, et nos politiciens aux rapsodies squelettiques se font un max d'oseilles sur la scoliose du peuple qui trinque.

Ce n'est pas qu'un purgatif de savoir que la vie d'un Gavroche fixant les étalages ou vitrines s'avère aussi comparable à celle d'un assoiffé du désert en proie aux mirages.

Qu'a-t-on fait pour en arriver là ? J'le demande à qui saurait l'entendre.

Qu'a-t-on fait, bon sang de bonsoir ? Où sont les regards d'innocences pour cette bizarrerie que j'ne saurais voir ?

Qu'avions-nous fait ? Dites-le-moi ? À part proférer qu'il y a encore trop d'espoirs sous le tapis des bonnes intentions tout en dulcifiant nos rancœurs jusqu'à l'obsolescence.

Incontestablement, rêvasser apparait comme la seule option viable, louable, sans se faire rançonner à coups d'impôts psychédéliques.

Rêvasser, à l'heure où j'vous parle, semble être le seul véritable exil que peut encore se payer l'abonné aux désillusions.

Un exil mental qui à force d'être répétitif, abrasif devient un étalon bien supérieur à la folie.

Et pour que ça reste ainsi… aussi imperceptible que le silence, on se tait en soi-même. Oui, on se tait, car être misérable, messieurs dames, ça vous exclut forcément.

# 3.

Au fil des souvenirs zébrés, Miss France a toujours voulu être l'incarnation des belles vertus.
Jouvencelle, elle se scrutait déjà son visage de Narcisse pendant que ses demi-sœurs européennes badinaient sous le soleil des midis.
Quoi qu'on rétorquât, elle se voulait exemplaire, quitte à se faire amocher le portrait dû pour ses dettes antérieures.

Comme l'appétit vient en picolant ou bouffant ses ulcères elle s'était narguée d'être la maison close des droits de l'Homme. Hourra !
Et pour s'y faire, elle se la jouait la plus fringante, clinquante aux meetings planétaires.

Bien des fois, pour assurer le SAV de son idéal bancal, elle s'érigeait en experte en profilage afin d'y conserver de ses illustres Hellènes quelques sophismes-buchers.
Or, notre profiler, malhabile soit, saura après maintes expertises que ce n'est que de son propre meurtre qu'elle tentera d'élucider.

Ça parait d'une telle inconvenance à ce que j'vous débite là. Que dis-je ? Toutefois la réalité n'est-elle pas ce qu'elle est ? D'un cynisme foudroyant, inaudible aux cris des anges…

Dès qu'une éloquence est à pourvoir en urgence quelque part, hop ! aussitôt, on s'y attache à la devanture des QG lambda, puis s'empiffre de sensationnels youyous lors des transes collectives.

De n'importe quel charcutage de circonstances, les candidats se dopent d'un fol espoir ; ils s'érigent en Sangoku afin qu'au cas échéant les citoyens soient le reposoir des errants.

Voyez-vous cet Eldorado aux comptoirs des bars éthyliques ? Ce Nirvana asilaire… ce purgatoire qui vous fait déflagrer la conscience telle une torpille.

\*

Ô, lecteur ! ami de mes pleines solitudes, j'vous confie le sang de mes mots avec l'idée d'y récolter après la faucheuse une reviviscence inespérée.

Oui, j'vous le confie, car de fil en aiguille la Nuit s'approche sous le soleil de mes envies.

Voyez ces tourments… vous qui choisissez mes retraits au point de me haïr à la face des miroirs fidèles à vos aspirations.

\*\*
\*

Contrairement à l'Américaine ou à l'Anglaise, Miss France reste plus que jamais aux aguets des intentions… son seul leitmotiv.

Bienvenue aux banquets de l'hédonisme abstrait !

Combien d'emportements ou d'alcool ingérés ai-je eu affaire à la vue de ces cafouillages de valeurs ? Surtout quand il faille les brandir… d'en être fiers. Ça sert à quoi, dites-le-moi ? Puis sans réponse apparente, j'm'endors en rêvassant comme tant d'autres d'être une bureaucratie de fonctionnaires invisibles en mesurant les risques d'une telle pensée.

*

Là où ailleurs on s'invente, décale les lignes d'Apollon au-delà des esclandres, nous, nous aspirons à nous maquer aux billots du fonctionnariat contre le chômedu.

À la vue des prochains chaos, chacun, à divers degrés, consent à son aliénation en contrepartie d'un salaire d'aumônier.

Jadis, la Française modelée d'invraisemblables statuts y peinait, alors là, n'en parlons plus aujourd'hui… ça s'empire !

Pourtant, celui qui sait palper l'univers des affaires vous confessera que c'est en de telles conjonctures qu'il y ait l'opportunité d'exister à condition d'oser… d'être véritablement fraternel, et non assisté à travers ces assos de 1901 douées en vampirismes emphatiques.

*

Quiconque le sait, et ce n'est d'aucun secret qu'avoir du taf aujourd'hui relève plutôt d'un parcours du crucifié. Et qu'avoir de l'entregent concorde à une question de survie.
Ceux qui l'ont… ces sacrés veinards ont aussitôt blindé leurs réseaux prospères en vue d'accroître leurs chances d'accès à l'étage supérieur, quitte à laisser à la remorque quelques amitiés foireuses ; et ceux qui ne l'ont pas… les recalés, auront leur adieu compassionnel avant d'être éjectés à la case Sainte-Anne.

Tout un chacun se voit être un mousquetaire de contrefaçon à sa façon dès lors qu'il s'agit de belles intentions. Et à cela, disons qu'à l'heure de mes mots avinés, au royaume des tartuffes, l'Absolu se fait Français.

**
*

D'un meeting à l'autre, on espère séduire de nos yeux incubateurs nos meilleures névroses chez l'auditeur versatile.

Ainsi, comme dénouement aux remèdes intentionnels, on édifie des vols charters… des matraquages méprisants… des stigmatisations télévisuelles… des clivages corporels… ou encore mieux, des déportations de Roms… des contrats confidentiels des Kadhafi fac-similés.

*

De là où j'crèche, l'info des villes se dirige vers les musulmans… croisade postmoderne à coups de projecteurs. C'est le choc des suffocations à défaut des civilisations.

Vous voulez avoir du french-flair ? Édifiez l'ennemi en vous. En cas d'impossibilités, parfumez-y de laïcités subliminales jusqu'à ce que l'islam ait l'onction des belles brimades.

Voici en apéro dinatoire, le musulman chéri en attendant l'ultime soumission en dessert.

Qui sera la cible adéquate ? Est-ce le Black ? Bounty jusqu'à l'os qui par désir mimétique traficote son péril juif aux clans des hyènes.

Qui donc, me direz-vous ? L'Asiate ? Du haut de l'anonymat taxé d'empoisonneur notoire.

Du Rebeu ? Tarifé à la traitrise inconditionnelle depuis les Harkis. Qui donc à part le musulman pour brasser d'un revers de main toute diversion ?

De ce cortège de complots se débride déjà finement un œil d'Occident en mode automatique vers le Styx. Sublime intention !

*

Dès lors qu'il n'y en aura plus, il y en aura encore des convoyeurs… des challengers de gracieuses intentions… des milliers… des tonnes déstockées, disséminées vers des contrées oubliées des souvenirs.

D'une telle défiance, s'engendrera une scission du peuple. D'un côté, vous aurez les frondeurs… des dissidents, de l'autre… de sacrés buveurs des intentions.
Que ce soit d'un clan ou dans l'autre, des lourdauds se marginaliseront, s'entailleront pour que la belle Colombe moyenâgeuse choisisse son écusson.

Certains auront dc leurs malices quelques éloges en réserves pour que leurs voisins puissent endosser l'habit d'un Che d'envergure qui les épargneront des ennuis judiciaires ; alors que d'autres s'y jetteront tels des kamikazes enfiévrés dans la bataille par défaut d'alternatives.

De ce festin prénuptial à la folie des hommes, l'amour de la haine devient peu à peu le nouveau Big-Deal subliminal… indomptable. Hélas !

4.

Au Golgotha des villes ou de la cambrouse des vaches folles, pas un coin d'ombre où séviront les émissaires d'un parti politique lambda.
L'instant se fera la malle, et les cargos de mots seront lustrés à donf' pour les empathies chirurgicalement facturées vers divers génocides inconscients.

Chaque courtisan enverra ses émissaires qui devront convaincre aussi bien eux-mêmes que les différentes chimères peuplant leurs esprits.
Tels des prédicateurs promettant le Salut avec des chaînes de l'éloquence, ils s'y attèleront de sorte qu'il n'y ait aucune place au hasard.
Là, ils se renouvèleront tant d'idées que de fringues.
Ça sera le club-MAD des comptables politicards toujours aussi kitsch en résolutions pour l'ultime triomphe.

Les voici ! Les voilà ! Chez vous, devant les HLM de la France claquée à force d'avoir courbé l'échine sur les anciennes promesses dont l'écho résonne encore… encore en vos tréfonds.
Généralement en binôme, ils essayeront de vous appâter par un sourire d'amants cocus.
En somme, ils vous sortiront la brochure d'un soi-disant programme qui sera bien évidemment intenable à l'aune de la conjoncture ou de l'Europe en bouc émissaire.

Et vous, qui ne voyez qu'en la politique un pansement à la solitude, vous leur offrirez gentiment le café dans la même tasse lors des passages antérieurs.

— Bonjour, monsieur, parlez-vous français ? Nous… socialistes… si vous vouloir garder RSA, votez pour NOUS !

Sur ce, ils s'en iront joyeusement avec l'impression d'un certain devoir accompli jusqu'à ce que le FN essaye de rafler la mise nullement par le ventre… mais d'une rectitude illusoire.
À deux jours d'intervalle, ces frontistes se présenteront à vous comme de véritables témoins de Jehova, bien stylés… bien en tout point afin de dissimuler leurs frousses viscérales des banlieues.

Et que dire des communistes ? De ces crasseux de la fac ou du Grand Schtroumpf qui vous balancera au fil de son auditorium qu'un autre monde est possible à condition que lui et son clebs Milou n'y habitent jamais. Et que dire des farceurs de l'UMP ? Plus enclins à s'étriper entre eux pour un nonos de survie.

La vérité s'incarnera en qui ? Qui fera ce dont il a promis ? Personne ne le saura jusqu'à ce qu'un quinquennat s'engloutisse à la vitesse d'une guimauve à la vaseline, et que vous n'ayez rien vu passer à force d'avoir fumé l'espoir des opiums délectables.

*

Ce qui semble certain, c'est que ça schlinguera du low cost un peu partout.
Même vos salives n'échapperont en rien aux infimes rationalisations d'un système qui vous pousse aux crématoriums par simple amour du prochain.
Oui, chacun aura SA chance… son quart d'heure à la Warhol lors des serments d'investitures, et que la malice s'annonce !

Afin d'asseoir encore un peu plus une mainmise sur l'auditoire, chaque candidat fantoche a plus d'un tour dans sa besace.
Ainsi sont balancés des stocks de stats… des éloquences fantasmées, assermentées par des cabinets sophistiqués en management. Et le peuple, lui, devant autant de prestances, d'illuminations, d'intentions, se laissera séduire, berné quitte à sangloter comme ces amoureuses trahies qu'on dégote à la gare Saint-Charles.

*

Lors des débats télévisés, certains hésiteront à s'appeler… chut ! « Kamarad » pour ne pas égayer les fissures des goulags d'antan, et d'autres utiliseront le mot « CONcitoyens » en accentuant sur la première syllabe de façon prémonitoire.

De là, ça surfera sur la moraline égalitaire… de l'amour du prochain… de justice sociale en stigmatisant l'ennemi commun qu'est la finance internationale.

D'un coup, chacun dira ce que tout le monde voudra entendre, et le conformisme fera même du vol sa petite propriété.

À l'annonce du Président conquistador, le pouls de la cohue s'intensifiera d'un même souffle.

Soit d'un ouf de soulagement, soit d'un joli beurk !

Graduellement, quelques ruelles seront un dépotoir public, tandis qu'à l'angle opposé… d'une bourgade, ça sera le plébiscite des futures contrariétés en sabrant des vins dionysiaques aux rayons névrotiques. Hourra !

*

À l'improviste, une place sera constituée de sorte que le Boss élu puisse opérer son allocution quasi christique à l'acclamation des hourras et consorts.

De sa leçon, il prêchera la sève d'un rassemblement national en thérapie de l'exiguïté des marges de manœuvre.

Une fois au Zénith, comme chacun s'en doutait, son programme n'aurait été qu'une énième crucifixion à l'étable des divines intentions… qu'un enfumage de sondages grappillés… un renvoi d'ascenseur aux lobbys bénis.

À ce stade de la panique générale, il se pliera aux baromètres des agences de notations au motif que c'est de la survie du Royaume France qu'il s'agit.

Au cas où sa légitimité tournerait au vinaigre, contre toute attente, il balancera des responsabilités de ses prédécesseurs, non seulement en esquive de tout mea-culpa, mais pour conserver des privilèges grassement acquis après tant d'extorsions… spoliations.

\*

Mais avant d'en arriver là… à une telle débandade de la conscience, le candidat élu s'imaginera d'être un homme prophétique par l'onction de la 5e république.

Une fois les élections finies, bien digérées, il peaufinera sa posture… ajustera sa cravate afin d'incarner la carrure d'un homme d'État typiquement français, c'est-à-dire une façon de réviser à la hausse son degré d'exigence à la duperie nationale.

Monsieur l'asticot s'embellira d'emphases gaullistes… d'un « j'vous ai compris », en vue d'asseoir sa resplendissance sur le peuple dit « d'en bas », et qui n'est plus tout à fait d'en bas, mais du « sous-sol » en plein murissement pour l'autodafé prénuptial aux dictatures.

Qui sait, s'il fallait bientôt un spéléologue pour lui sortir de là ?

Au gré de son mandat, notre flagorneur national aux faux airs d'un monarque s'imaginera qu'être président correspond exclusivement à un acquis social d'après sa classe ou élucubrations.

Dès lors, monsieur s'en donnera à cœur de joie en votant de nouvelles ségrégations cérébrales sous des hourras des chansonniers, des sportifs ou députés obséquieux dont le point commun n'est que l'exil fiscal.

Au-delà des cooptations, pistonnages, clientélismes, bakchichs en tous genres distribués aux divers sous-traitants à la solde de son parti, les miettes seront englouties par la complicité d'une partie du peuple toujours aussi arriviste que gloutonne.

*

Vous voulez que j'continue ? Continuons !

Voyant les réformes ardues, et la réalité plus qu'ambiguë qu'il y parait, le nouveau chef fignolera son entrisme salutaire vers l'opposition en cas de probables couacs ; puis, afin d'amadouer l'aspect diabolique de la foule, il sortira d'instinct de sa botte secrète quelques vieilles formules populistes de ses prédécesseurs à l'encontre de l'opinion publique.

Le « *il dit tout haut ce qu'on pense tout bas* » sera son credo, son droit d'avilissement… ou à la magouille. Sa fausse aversion viscérale de la finance sera son opium pour le peuple… au nom du peuple. Et sur chacun de ses desseins salvateurs, il y aura un plan de division en justification d'un mandat déjà en gruyère.

Sur ce, les délations… les suspicions seront insidieusement exhalées sous des masques emphatiques afin que chacun puisse tranquillement s'empiffrer des nouveaux avantages à échéances réduites.

# 5.

D'une fine division naît la paix de son mandat machiavélique. L'anxiété… cette onction des servitudes d'antan devient son instrument de confusions envers des miséreux déclassés.

Dans une sorte d'enfièvrement inaltérable, chaque citoyen se verrait H24 malgré lui comme le Talion de son vis-à-vis, jusqu'à ce que tout le monde, d'un air ébahi, oublie la véritable raison de ladite division.

Néanmoins, au cas où il y aurait des voix dissidentes à la suite d'une soudaine prise de conscience, les commerces, les prisons, les pompes funèbres, ainsi que les policiers ou gendarmes n'auront que des heures sup en rescousse.

C'est dire, même les pompiers… ces derniers Superhéros de l'instant, qui à force d'éteindre les pyromanies, auront du taf en honoraires.

Et enfin, en couronnement de ces bidouillages exquis, quelques journaleux ou sociologues assureront le SAV des divisions intelligentes en relai des impondérables.

Crescendo, on s'absoudra des anthropophagies civilisées sous prétexte qu'il y aurait une main invisible quelque part comme régulateur social ; puis sous le ciel des jolies intentions, on gueulera le désamour d'une Europe au festin des charmantes déliquescences.

# 6.

Combien de fois ai-je vu des candidats postuler en tant que chefs d'une meute au simple fait qu'ils aient les attributs de la tribu, et au moment opportun, se déguiser en tortionnaires légaux ?
Combien de bains de Marat se nourrit l'illusionniste des sublimes intentions ? Combien d'agneaux cachent leurs pattes des loups ?

En se gratifiant de l'impression d'être proche des masses lors de chacune de ses interventions, le président-Tartuffe n'aura qu'aux reins des lobbys de ventriloques.
Voici donc l'extase des métastases au point d'avoir la bannière des démocraties bananières en sarcophage.

Dès que je dévisage ces simagrées en instruction, ces deus ex machina présidentiels, ce népotisme à la cagoule républicaine… ces propagandes liftées au summum de l'absurdité, l'amertume m'arrache les ficelles d'un tel sketch.
Ça me titille l'insolence quand des « VIVE LA France ! » jaillissent de la bouche des acariens qui au premier coup de canon se recroquevilleront dans le ventre de leurs amantes.

Clairement, se voir être gouverné par des tocards n'est en rien insurmontable en soi ; mais que des tocards vous montrent de leurs sales arrogances que nous valons le rôle de l'esclave à travers quelques frivolités concédées, là, c'est sans concession.

Des tocards qui vous privent de votre humanité, sensibilité au fait qu'ils ont su décoder « Mein Kampf » plus que les autres, c'est NON ! Merci !

Des tocards qui vous jartent au pressing des moralités alors que leurs campagnes ne sont qu'un ramassis d'entourloupes, encore NON ! MERCI !

Dans l'océan des apparences, toute violence se voit décriée, jugée sur sa visibilité, mais jamais sur les mécanismes inconscients qui la conduisent, car il est bien plus facile d'avoir le jugement moralisant que de se remettre fondamentalement en question.

**
*

Qu'importe où vous ircz, il y aura bonnement en corollaires des vagues d'insuffisances… de marchandages de valeurs d'assimilations à la sauce blanche… des assentiments internationaux vers l'exode des esclaves, et tout un joyeux bordel pour l'aveuglement des hommes.

Qu'importe où vous irez, on vous aspergera de slogans d'un aïeul 68ard plus enclin à se farcir l'arthrose aux soleils authentiques, exotiques de la pédophilie qu'à écouter le mal d'une jeunesse indignée… asphyxiée.

Hors de là, ces défilés de roses blanches ou de banderoles « No Pasaran » par des minots instrumentalisés !

Hors de là, ces lobotomies vendues au prix d'un Carambar !

Hors de là, ces clowneries juvéniles en béquille d'une aporie !

Hors de là, ces bâillons inconscients des rébellions soudoyées !

Que dire de ces minots… de ces anges qu'on agite par couardise comme des fusibles électoraux ? Eux, qui se retrouvent en pleines manifs enfiévrées avec des slogans confits savamment appris.
Oui, j'les entends encore sous la coupelle du soi-disant progrès social quand les profs ou politiciens espèrent faire manifester les chérubins des autres pendant que les leurs sont attablés devant des télé-réalités merdiques.
Voyez-vous ces minots qui se jettent à corps… à cœurs perdus dans le binz de la contestation sous la connivence d'un système en mode speakerine ?

De part et d'autre, des factions ardentes s'organiseront lors de transes populaires.
Comme à l'accoutumée, le Gouvernement, qui sait plus que quiconque les portées estudiantines, aura un peu reculé à ce jeu patrimonial en distillant les bons points aux meneurs des passions contagieuses.

Qui aura le laurier d'un Dani le Rouge ? Qui pourra se narguer d'être le roitelet des entourloupes ?

Pour les recalés, des séances de rattrapages seront d'ores et déjà prévues lors des prochaines grèves ou manifs sur l'almanach des idéaux.
Rien n'échappe au système, tout se recycle… même trop bien jusqu'aux infimes compartiments de l'être. Rien n'y échappe. Même les casseurs de grèves sous le fanion du service minimum auront leurs p'tites chances de se voir grévistes.
Tout se recycle jusqu'à la moelle de nos vaines folies.

# 7.

Entre parenthèses :

En ce 2009, il est d'une nicotine fort consternante dont l'addiction frôle plus la résignation qu'autre chose. Et de quoi s'agit-il ?
De cette irrépressible volonté de se croire penseur lors d'un clic sur YouTube.

Nul doute que bientôt, on zappera le string, le baggy contre des binocles ou des livres d'intellos afin d'entrevoir la suggestion neuronale sur le long fleuve des intentions.
Qui sait, si les cafards de mon appartement avaient suffisamment d'entendement pour s'enfuir de ces nouveaux exils ?
Ainsi ceux, qui jadis idolâtraient le corps à coups de protéines… du sport à gogo, quittent leurs bodybuildings-attitudes pour épouser l'Odyssée du Saint Savoir. Alléluia !

Ô, l'ami ! On aura beau dire ce qu'on peut ou veut : trop penser tue !
Choisir ses chaînes à défaut de s'en défaire, tel serait l'interminable raccourci de la vie.

Que celui qui ne veut point s'escamoter abandonne cette obsession soudaine qu'offre la solitude !
Qu'il s'en aille aussi loin que l'incertain afin d'envisager des bars de Bouffay comme ancrage salutaire.

Quel degré d'incertitude entrevoit mon esprit ?
Voilà comment bafouille le vrai penseur.
Tel l'enfant qui ne demande qu'à respirer l'air des
hauteurs, il piétine des chapelets d'évidences en
s'en allant vers l'infini puzzle d'une réalité à l'autre.

Son esprit aussi vif que l'éclair sait que son être
se vit comme un zigzag perpétuel entre des dogmes
qui embellissent ses ressentis.
Pour lui, le simple fait d'être quelque part que peu
de gens y séjourneraient n'assagit qu'à l'aube d'un
instant seulement. Et que devant le Soleil de la
misère, il s'efforce par des petites commodités
d'être au monde pour ne pas afficher d'emblée son
défaut de fabrication.

Ô, l'ami ! plus on vit ou survit en notre corps,
plus on ne sait pas plus qu'hier. Et à peine, que vous
ayez chevauché les sentiers des Idées, l'Alzheimer
vous dépucèle déjà d'un oubli familier.

Ces accumulations d'éruditions qui faisaient ton
trésor, ta fierté heureuse au fil des investigations
n'ont plus les saveurs d'autrefois.
Du doute s'enracine en chacun de tes mots… des
mots qui à force d'être macérés de solitudes
finissent comme abreuvoir des aphasies.

Ô, cher ami ! qu'on s'en aille au loin vers le
chemin des enfants… le chemin des exquises
innocences d'antan.

Au mieux, l'humilité aurait voulu qu'on soit de piètres commentateurs de l'instant afin d'être démunis de toute pédagogie névrotique de la pensée.

Quel degré d'incertitude s'enorgueillit l'être ? Voilà comment le penseur malheureux de son état s'affiche quelque part en lui-même... dans ses retraits inconsolés.
Le voilà donc, fouinant en vain des déserteurs-amis ayant délaissé l'encadrement planté en eux.
Sans noms... sans adresse... sans estampilles préalables... sans véritable patrie... sans paroles romancées, il reste là à contempler l'épuisement d'un temps qu'il ne verra sans doute jamais.

## 8.

Des recoins des villes allant jusqu'aux plis des cœurs anonymes, vivons ces cris de l'intime qu'aucun écho ne saura plagier.

Malgré moi, j'deviens l'essence même de ces cris retentissants à l'oreille de l'Occident embourbé de moralines intenables.
J'suis aussi l'iris qui épie l'avenir d'une vie au Darfour avec une myopie d'intentions… une révolte entachée d'aucun bécot d'Octobre.
J'suis une sédition même de l'esprit subvenant aux cœurs des Oubliés des circonstances.
Celui qui redonne de la dignité dérobée à l'homme qui ne veut plus s'admettre que cette vie n'est qu'un songe raconté par un idiot qui se moque éperdument de lui depuis ses premiers ans.

*

De ce que j'retiens à l'aube de la vieillesse, c'est que peu à peu, l'Europe s'est travestie en ce proxénète à qui on doit incessamment rendre des comptes.
Subrepticement, les politiques locales ont de leurs gamelles quelques attrape-voix ; et la belle haine de l'Europe frise le va-tout de la gagne.
À l'annonce des prochaines défiances, on se faufile à travers la masse populaire toujours aussi insatiable lorsqu'il s'agit de fouiller un coupable de son manque d'implication dans la cité France.

D'un côté, une énième fracture de l'extrême s'amoncelle. Soit, on se mue en un kamikaze européiste allant jusqu'au fédéralisme abscons, soit, d'un certain repli identitaire, on se paye sa jolie petite adhésion pour son hécatombe.

Des deux camps, la nuance s'est volatilisée, l'impératif se fait Science. On serre les vis… lobotomise son voisinage comme unique échappatoire à ses vieux démons.

Dès l'achèvement des réunions, quiconque aura son kit de testostérones ainsi qu'un journal gratis semblable aux « TOUR DE GARDE ! », puis on s'embrigadera joyeusement sous de meilleurs auspices. Alléluia !
Voir autant de ferveurs s'apparente à une nuit de spectres lors d'un poisson d'avril !

Qu'importe qui vous êtes, on viendra à vous afin de vous exhiber l'Évangile des intentions.
Pour ce faire, l'armada d'imaginations n'aura qu'en mesure nos aptitudes à la sottise.
Le kif serait d'assujettir même vos clébards de façon qu'il y ait tant de révoltes arides que d'électeurs compulsifs.

Malgré vos dépendances à l'inutile, vous serez invité à ce festin en comités ; et comme l'ennui n'avait plus besoin de vous farcir la tronche, vous serez au rendez-vous.

Sur place, vous trouverez des zombies intellectuels avec leurs airs des pantomimes d'un certain jadis ; et vous, par fascination sans doute, vous oserez clamer la passion de vos libertés.

Et une fois que le tour sera joué, vos éclairs de lucidité s'envoleront sous le mirage des miséricordes, car l'autre… oui, de celui d'en face ou en nous, se muera en loup. Grr !

Un loup hobbesien qui n'avait rien demandé que de vouloir aimer, et qui se voit propulser à accomplir le destin des inconnus qui vous prend prestement en estime.

Un loup qui ingurgitera ses impératifs de chameau, et qui s'empiffrera de bouillons de culture pour contrecarrer l'idée même d'une certaine remise en question.

*

Parallèlement à cela, le régionalisme aura le vent en poulpe.

Considéré tantôt comme de la rationalisation des dépenses publiques… de la balkanisation, tantôt comme un subreptice abandon sous le voile de l'autonomie.

Et encore une fois, la division enfantera son lot d'interrogations lors des prochaines jacqueries.

Enfin, qu'importe les énièmes divisions de la folie des hommes, certains songeront au grand Soir… à la lutte des classes avec l'International en playback, et puis d'autres fantasmeront des retours identitaires pour s'isoler d'une mondialisation requalifiée « mondialisme ».

Entre ces deux divisions qui se nourrissent mutuellement, l'union est d'orgue vers les facéties de la rébellion. Et si l'attente d'une rédemption se fait attendre sur le puzzle France, la souffrance, elle, a déjà sorti sa maïeutique d'un soi-disant monde meilleur. Amen !

Suite à cela, de l'enclos du chaos social, la foule réclamera expressément l'Ordre… le rétablissement d'un kósmos. Et à mesure qu'elle insistera, naîtront les griffes… les crocs d'un Léviathan façonné de mille écailles d'impératifs qu'aucun rafistolage ne pourra dissimuler.

Que les cargaisons de potences envers d'insolvables viscères soient d'actualité !
Que les containers d'exclusions lustrent leurs étoiles d'enterrement !
Que les Scanias de mots soient écroués aux asiles des troubadours sous le prisme du formalisme !
Qu'on bichonne le peuple de France pour son siège éjectable ! Lui… ce sacré cocu de l'ordinaire qui s'est pacsé par dépit d'un béguin de Caïn.

# 9.

À force de naviguer à vue sur divers élans de ce pays, j'entends ce chant de bienvenue à Nazi-Land où chacun n'hésite en rien à taxer son voisin de sale nazi comme une déviance inespérée de son prochain reflet.

De ces exubérances… annonciatrices d'une impossibilité au dialogue, on s'y voit déjà tributaires en son sein droit des tragédies modernes.

Indéfectiblement, chacun se verrait affubler d'une carte de fidélité du Reich sans l'option des fours crématoires.

Or, parfois à l'écoute des politiciens ou des moralistes de tous alibis confondus, vous n'avez qu'une bizarre impression d'entendre qu'un remake de leurs chefs spirituels… ADOLF.

Qui est Adolf ? Un Cri de Cristal refoulé… ou chut ! l'imprononçable Voldemort qu'on imite sournoisement.

Cependant, plus il y aura de scissions, plus le verrou du « vivre ensemble » sautera, plus la réclamation de l'ordre public s'intensifiera d'une évidence, et plus les régimes totalitaires naîtront pour apporter des solutions d'urgences, qui au finish deviendront impérissables même jusqu'aux confins des consciences.

Voyez, mes frères, comment un peuple réclame sa guillotine allègrement avec les mots qu'ils abhorrent.

Plus ce temps passe, plus rien ne se passe comme prévu. Désormais, tout est compté, décompté jusqu'à ce qu'une génération évince une autre dans l'immobilisme le plus assourdissant.

Et que dire de ceux qui bossent ayant abandonné l'idée même de penser ? C'est à croire que l'oseille n'est qu'une contrepartie… un juste salaire d'acceptation pour l'innommable.

Ainsi, de cette anorexie mentale, les brebis qui ne se voient qu'en taux horaires s'empilent vers les tranchées des géhennes appétissantes. Bref !

*

À l'heure des mémoriaux à tout-va, il en faudrait un pour la Jeunesse, un pour la vieillesse, un pour les chômeurs… un pour les réfugiés d'un monde parallèle sous l'onction d'un Dieu dépressif.

À l'heure du chômage de masse, l'obtention du BAC serait bientôt un prérequis pour se pointer au chômedu, et la devise « tu boufferas quand tu n'existeras pas » sera inscrite au front des fatigués, lessivés de la vie.

La rédemption biblique de l'homme par le travail est discutée dans diverses assemblées.

De là, d'un certain moralisme, on veut séparer le bon grain de l'ivraie à propos des chômeurs.

Qui sont les glandeurs ? Qui aura le César du profiteur du système ?

Voici le doigt de la énième division pour culpabiliser les miséreux entre eux.

Sous l'ardeur du darwinisme social, l'indémodable chômeur se réifie en handicapé… voire en sidéen dans la solitude du silence.
Son nom ? Oui, son nom se confond à une chasse à courre où on l'obligera non plus à dégoter des tafs inexistants, mais à s'autoéliminer civilement.

Toutefois, attention ! parmi ces chômeurs, l'homme, ce soi-disant bosseur à la sueur de son front, sera taxé d'inutilité sociale par excellence ou en prochain laboratoire eugénique vers divers asiles salutaires ; et la femme… braise de toute éternité, sera vue autant qu'un poids qu'une mise en garde.
Oui, d'une mise en garde ! Car une femme qui descend dans la rue enfante plus qu'une contestation… mais une vraie révolution !

Mes amis, qu'elle est archi loin la Colombe ! Trop même, pour s'éprendre de ses ailes.
Calmement… sûrement, les berceuses font toujours l'actualité malgré les faciès remaniés.

De ces décors de mon esprit… luisantes métaphores décortiquées au seuil des désillusions Fantômas, vous vous injectez de la raison.

Pendant que Miss France se relooke d'un de ses plus gracieux apparats… passifs somptuaires, vous devenez malgré vous une promesse.
Vous voilà donc en Gavrochard dont les tripes sont aussi cramées, camées d'espérances foireuses qu'un mal d'amour de hippie overdosé.
Vous voilà affublé d'un Guévarisme XXL qui n'acceptera jamais le braquage d'une nation par les extrêmes au motif que c'est dans l'air du temps, et qu'il faut bien vivre avec son temps.

Regardez-y de plus près… même les cerbères chrétiens n'ont jamais voulu de vous. Et de quoi dire de votre instinct qui veille au grain la césure des idéologies pour ne pas s'empiffrer des trahisons des 68ards ?

*

Ô, Liberté ! vous êtes le hasard d'une condition barbelée, mitraillée à souhait sous les plissures des bâillons inconscients.
Ô, ma chère France ! Patrie de mes aïeux, quand serons-nous à la hauteur de tes inspirations ?
On dilapide tes protocoles à défaut de se hisser vers ta quintessence. Près de ton cœur, j'entends déjà les

pleurs adéquats de ces politiciens lors de ta veillée mortuaire.

Chacun squattera ton cadavre afin d'en profiter un max que même l'avarice vacille d'un certain moralisme.

Dépouillée ! Souillée ! Violée ! La voilà tellement dénudée que même ses valeurs, ses fières splendeurs ne peuvent voiler.

Sommes-nous condamnés à être comme ces gens qui se taisent à jamais ? Ceux qui n'ont que la bannière de l'indifférence sur l'échiquier des malheurs établis ?

Las d'être entubé d'un rush à l'autre sans cris de réserve, un putsch organique s'est constitué dans le cœur d'une poésie.

Voici les cris d'un Mortal-Kombat !

Des javelots de solitudes comme seuls remparts à la Nuit !

# 12.

Qu'importe l'État, chacun surfe sur l'Océan des schizophrénies familières.
L'Espagne fantasme sur la France, la France sur les USA ou l'Anglaise, en ce qui concerne l'Allemande ou l'Italienne, soyez imaginatifs, et vous verrez !

Notre Française, en dépit des vieilles luttes intestines à l'égard de l'Allemande, aimerait bien se taper l'Anglaise.
L'Anglaise, l'ile du pragmatisme dénotée « roast-beef » en vertu de sa voracité sur notre conscience, est d'ailleurs captivante dès lors qu'elle s'édifie en seul rempart à nos intentions.

Il n'est pas sans dire que la solidarité d'une telle Reine en de pires cloaques des archives parait si admirable… captivante au point que certains aimeraient s'y substituer à ce fameux roast-beef, s'il le fallait !

Pendant que la Française signait honteusement l'armistice, elle, qui se croyait balaise derrière sa ligne Maginot… d'être une grande armée, l'Anglaise, elle, avec ses moyens résistait comme jadis à Waterloo.
Parfois, ça lui arrivait en tout bien tout honneur de faire le trottoir diplomatique afin d'y rapporter les fruits de ses passes à ses rejetons.

Voyez à quel point l'appel à la Résistance s'est fait un 18 juin à la BBC, chez… l'Anglaise !

Comme quoi lorsqu'un compatriote se met à l'Anglaise, les intentions n'ont qu'une simple vocation… d'être de l'action.

Enfin, disons que ce n'est pas pour rien qu'un fils d'Anglais détient en son sein ces senteurs des libertés qui vous réveillent l'âme au bord des gouffres certifiés.

*

De nos jours, la Française s'estampille de préciosités. Elle, la Capitale de la mode « made in China » s'offre de chics parures… des pacotilles d'intentions en colmatage de ses vieilles valeurs coloniales intenables.

De ce fait, une devise faisant figure de rattrapage ou de remords lui picote les artères. Tellement qu'au profit de son idéal, à l'inverse de l'Anglaise, ce sont les visiteurs qui priment d'abord.

Soyez-en un touriste, et vous verrez l'image que vous aurez du pays. Il y aura même un nonos gastronomique pour vos clébards ou morpions au cas de séjour prolongé.

Or, dès que vous aurez pris goût de l'hospitalité offerte en jetant votre carte de séjour au premier cours d'eau… la gaffe s'annonce… oust !

*

L'écart des représentations qu'ont les natifs et les étrangers sur cette patiente qu'est la France, étonne plus d'un.
L'étranger, à peine avoir frôlé le tarmac recèle en lui ces lots d'intentions immaculées divulgués aux compte-gouttes à travers la propagande officielle.
Grâce à sa ténacité, le voilà en pleine réalisation du fantasme d'un aïeul comme une sorte de pèlerinage obligatoire.

D'une fierté à peine contenue, il brasse du regard les habitants, qui eux aussi, composent la toile de fond de son utopie.
Le béret, la baguette, et du BHL en poche, Monsieur l'étranger sort en plein minuit à la chasse d'un dialogue avec ses futurs concitoyens. Et si par bonheur, un Français accepte cet échange sous la coupe de l'amitié… de l'acceptation des différences, vous aurez droit à une causerie entre deux névrosés.

Chacun piaillera autour d'une bière de ses galères expérimentales.
De ladite causerie ? Pour l'un, la France n'a aucune équivalence. Ce n'est qu'un doux baiser d'été… la matérialité d'un Éden refoulé… un rayon matinal sur des champs d'hiver… un souffle éveillé sur la conscience universelle ; et pour l'autre ? Un pandémonium, ni plus ni moins !

De cet entretien, l'un continue ses mélopées de poète constipé ; et l'autre dont la voix s'est enrouée par les aphtes de la Trime, écoute d'une oreille attentive cet Éden tant évoqué, sans savoir qu'il s'agissait du sien.

Un peu ramolli par l'alcool, monsieur le Gaulois s'extasie du visiteur étranger, à priori mieux sapé que lui, et envisage comme unique antidépresseur à ses délires de persécution le sentier boueux de la Xénophobie.
À la suite de cela, il note au fin fond de sa cervelle piètrement ramollie que la France n'est qu'un hôtel mondialisé qu'il ne pourra jamais s'offrir.

## 13.

Des cités, les racailles deviennent inconsciemment ou pas le bras armé ou le motif d'extorsion et d'exclusion d'un système bien ficelé. Les citoyens lambdas, parqués comme du bétail dans des HLM explosifs, mangent leurs malheurs avec des anxiolytiques à faire bander des pharmaciens.

En plus de subir cette prise en otage de la haute sphère de la société, ces pauvres gens rasent les murs devant ces racailles qui squattent leurs nouvelles propriétés que sont les rues.

Ces mêmes racailles qui incendient allègrement les jeux des minots pour maintenir des territoires sous le joug de leurs maitres inconscients.

Des cités, nos lanternes captent sans cesse quelques paroles sibyllines comme quoi la France est une « lopsa », et qu'il faudrait juste la violer en contrepartie d'un ascenseur social inexistant.

Illico, les médias en font écho de tels agissements. Les prolos relayés par des intellos bobos sont à l'unisson pour déblayer au karcher ces garnements au motif que c'est de l'honneur… de la magnificence de la mère patrie qu'il s'agit, alors qu'ailleurs les cols blancs dilapident incognito son modèle social par d'ingénieuses malversations.

Dès qu'un bémol s'imprègne quelque part, il y aura la vente de la non-assimilation des banlieues ou des pauvres taxés de fainéants hors pair. Et tout ça, avec l'onction des Golden-boy de la précarité… des philosophes des réseaux sociaux… des prolos eux-mêmes qui veulent ronger encore un peu plus un os de survie.

Qui entre le banlieusard, les pauvres et le col blanc fait le plus de dégâts ?
Chacun le sait, mais au pays des références, l'apparence compte plus que le réel, et la parlote plus que les actes… hélas !

Épisodiquement, on colporte bien souvent comme quoi notre Française… en plus de sanctifier l'onanisme des baromètres, des sondages, se voit d'une xénophilie sans égale.
Indéniablement, xénophile, elle l'est, au regard des candidats arrivants.
Comme l'avait dit J.Attali, c'est un hôtel… voire une salle de réception pour des noces libertaires.
En effet, Miss France kiffe l'étranger parce que seul lui a encore le tact d'y saupoudrer ses fantaisies outrancières lors de ses multiples ingérences internationales.
Une telle xénophilie crée dialectiquement la fabrique de la haine… de la frustration, qui se traduit par des xénophobies inconditionnelles.

*

Un peu plus chaque jour, nous assistons à une certaine méfiance vis-à-vis de l'étranger.
En plus d'être le fautif de tout, il se voit surtout fautif du moins que rien.

Le fiston s'est colltiné un zéro en géo ? Ne cherchez plus, il y a un étranger quelque part.
Un lapin lors d'un rendez-vous galant ? Et c'est le totem de l'immigré qui rafle la mise des déceptions.

Nos gouvernants, eux, pour masquer cette fashion tendance qu'ont certaines élites, nous présentent quelques footeux ou artistes bidon à la Benetton comme variables d'ajustement à tant d'aigreurs.
Au fond, d'une année à l'autre, s'élisent au fronton républicain des personnalités minoritaires vendues à la solde de Mammon.
Sur ce, des camouflages s'enclencheront d'eux-mêmes en conclusion qu'il n'y a jamais eu de racisme en France.
Et pour solidifier ce mantra, on apposera en relief quelques graphiques des flux migratoires d'une terre d'accueil afin de ne pas sniffer des vérités compromettantes. Puis, à l'extinction des flashs-vampires, d'autres faits-divers à diversions se verront en vogue, et vous aurez déjà l'indigestion des Bougnoules, sales macaques comme un éloge à la tristesse.

*

Certains à l'ouest de l'Éden se défaussent en stipulant que la xénophobie est née des stades sportifs ou des autres cloaques de la société ; et qu'il suffit d'y pondre des arrêtés ministériels pour l'éradiquer.

Si la xénophobie n'est que l'expression d'un individu qui se trompe de colère, il serait de bon aloi de savoir qui l'avait alimentée par des perspectives électoralistes… individualistes.
Et d'un tel constat, qu'on s'achète des œillères par défaut de conscience !

Pour ces promoteurs de la xénophobie, l'image de la carte postale pittoresque, universaliste de l'Hexagone dans l'inconscient collectif semble être plus importante que divers dégâts occasionnés.

Par toutes les désertions où j'ai été, il n'y a eu qu'un lieu sans xénophobie… un lieu dont la racine n'est que ces rêves d'enfant que j'essaye de faire grandir dans les cœurs des hommes.
Est-ce un idéal ? Ou la fatalité de l'impossible ?
Par ici, tout est fait pour plaire, séduire. Même l'Absurde aura son kit d'intentions sur le seuil de l'incompréhension générale.

Subissez-y un rapt en Orient ou sur Mars, et vous saurez de combien soldera votre vie.
Sans conteste, cette mécanicienne des droits élémentaires qu'est Miss France vous payera sans chichi toute rançon en affirmant aux communautés

internationales son attachement viscéral envers ses ressortissants. Puis une fois à la sortie de l'avion… une fois que les caméras, les flashs seront entérinés… surprise ! L'abandon vous attend déjà quand vous ferez la manche dans les métros de l'indifférence.

Voilà sans doute ces cohérences qui veulent que certains aient consenti à être l'otage d'une cause banale juste pour le prix d'un regard… d'une simple reconnaissance.

## 14

L'usure par le ventre… l'ultime arsenal contre toutes velléités dissidentes !
Sans véritable surprise, la faim fractionne ses ouailles de la lutte pour la survie. D'un côté, la soumission des buveurs d'intentions ou des promesses, et de l'autre, l'éventuelle continuation d'une rébellion.

Apprenons ce que c'est que de vivre dans la faim de nos frères, mes frères ! Car même lorsqu'on vous affame pour que vous cédiez, on oublie toujours qu'un estomac creux recèle plus de libertés qu'un idéaliste forcené.

De l'éternel affrontement du corps et de l'esprit où chacun s'improvise Mac Gyver pour les fins de mois difficiles, la faim fait gargouiller la pensée, et enfante les prémices d'un horizon nouveau.

Tout État sait qu'il fait mumuse avec de la braise dès qu'il active l'usure par le ventre.
Son souhait ? Infliger de la trouille aux gens comme dans une sorte d'apologie d'une guerre civile où bien sûr, il voudrait assumer son rôle favori du maintien à l'ordre public.
Tel un Messie arriviste, il distille aussi bien les bons points que les mauvais lors des JT à plein régime. Et une fois que son rôle régalien… de régulateur de la paix sociale sera acquis sur les consciences avachies, la véhémence sécuritaire pourra se

baptiser d'un surnom… d'un l'alibi qu'est l'intérêt général.

Vouloir incarner la volonté du peuple, même en mimant sa haine, ses rancœurs putrides vers d'autres boucs émissaires dits évidents, reste son credo.
La propagande, tel un char de combat, est déliée ; et le peuple, quant à lui, réuni dans sa misère d'antan… dompté par sa peur, nourrit déjà les larves de sa prochaine révolte dans les rêves de ses chérubins chéris. Ainsi va la vie ! Un cul-de-sac !

Ô, mes frères ! bénissons les affamés comme ces prêcheurs du désert ; car, quand la faim ne divise aucunement les âmes, la liberté, la vraie, s'invite à la table des servitudes surannées.

# 15.

L'incessante paupérisation s'élucide par le désengagement de l'État au fil des saisons en laissant ce peuple en pleine débrouille dans l'agencement de son soi-disant destin.
Et à cette nouvelle télé-réalité qu'est la misère, les mamans des quartiers se voient obligées de négocier avec des voyous du quotidien pour des pactes du moindre mal.
Un tel sentiment d'abandon accouche son lot d'anxiolytiques, d'extrémismes ainsi que des dommages collatéraux où maints politicards s'en étonnent à peine.
Chacun sa débrouille... son champ de misères dégoupillé que par l'œil des hypersensibles.

Ce renoncement étatique fait éclore maintes associations quasi sectaires qui vous glorifient de bénédictions à condition que vous assumiez de plein gré vos servitudes.
Parmi elles, il y a des collecteurs des habits, des denrées alimentaires qui ne peuvent pas se sauver eux-mêmes, mais qui préfèrent aider le prochain en palliatifs de leurs délabrements internes.

Mes frères ! Celui qui aide vraiment les autres, c'est celui qui s'est aidé lui-même à travers certaines démarches (mentales, spirituelles, voire financières). Et si ce n'est nullement le cas, soyez-en sûr que ce n'est qu'une mine d'intentions en défaveur dudit prochain.

Une telle analyse peut s'extrapoler au sens d'un pays… d'une Nation.

D'ailleurs, Jacques Chirac l'avait bonnement résumé dans son discours :

« Notre maison brûle et nous regardons ailleurs ! ».

Et que voyez-vous poindre après un tel déballage public ? Pas qu'une prise de conscience, mais les prémices d'une certaine animosité vis-à-vis de l'autre… et limite la possibilité d'un certain racisme ou xénophobie « légitime ».

*

Voyez-vous ces super bénévoles aguichés devant l'entrée des hypermarchés en train de solliciter quelques miséreux pour refourguer les mêmes denrées récoltées aux mêmes miséreux ?

En cas de refus de votre part, non pas par radinerie, mais parce que vous êtes aussi fauché qu'un champ de blé, ça y est… le froncement des sourcils… les chuchotements de la stigmatisation.

Selon certains d'entre eux, la pauvreté se doit d'avoir un visage, des stats, une institution… une géographie spécifique pour le cœur, alors que par fierté, les vrais nécessiteux ont le credo de l'anonymat par honte d'être fagotés ainsi.

Ô, Messieurs les bénévoles !

Sachez que la misère n'est qu'un artichaut génétiquement modifié ; et que plus vous en éplucherez les feuilles, plus il y en aura au point d'en faire un bol de spaghetti…

Sachez que l'indigent n'est qu'un oiseau d'un type particulier qui se cache pour mieux mourir ; et qu'il sait encore… contrairement à ceux qui le gouvernent, le prix sacré de la honte.

Chérissons cette honte, mes frères ! Cette honte qui détient les liens de toute humanité, car celui ou celle qui n'a plus honte de quoi que ce soit s'érige en bétail pour sa propre folie.

Quelqu'un qui vous proclame dans la justesse d'une solitude qu'il a honte… non pas de sa nationalité… mais d'être simplement un homme de ce siècle est nul doute un grand humaniste.

Oui, il l'est, car il pousse à un degré insoupçonné de la pensée son exigence pour l'humanité.

Ayons la sagesse de la honte, mes frères ! Car l'existence même de tout contrat social en dépend entièrement de cette faculté d'en avoir honte sans misérabilisme… évidemment.

Et si par la volonté d'être fortiche, vous l'oubliez, l'Ankou n'aura qu'à se servir.

Être fort, tout en ayant gardé la sève de la honte en soi… en son sein sacré, constitue sans doute l'insigne des Dieux.

Ne voyez-vous pas que dès l'instant qu'un certain Adam avait proféré sa honte d'être nu devant le Très-Haut, celui-ci l'avait bonnement banni de l'Éden ? Pourquoi ? Parce qu'un tel geste n'est pas qu'une simple désobéissance, mais une révolution intérieure recelant la conscience ultime de l'autre qui efface tous les démiurges sur l'échelle du temps. La honte ? Ce n'est que la sœur de la vraie charité.

Ces ploutocrates que sont nos élites ne savent plus trop ce qu'elle signifie. – D'ailleurs, c'est sans doute cela la pire des tragédies.
Par arrivisme… volonté de se pavaner de réussites, ils ont signé la résignation de leur âme sous l'autel de Mammon. Et leurs desseins en attestent… hélas !

# 16.

Poursuivons !

Dès qu'un quelconque organisme a admis le diktat de votre luxueuse pauvreté comme de la bonne clientèle à combler d'urgence, d'emblée, il va falloir assumer cette identité qui vous poursuivra jusqu'à l'obsolescence.

Là, vous n'êtes qu'un échec irrémédiable… un anus à remplir la chiasse de l'Histoire. Et quand la tristesse vous surprend d'un instinct viscéral, vous vous dopez de suggestions en vue d'une certaine fierté retrouvée.

\*

De ces vulgaires miroirs de l'âme que sont nos yeux, voyons donc de ce qu'il en est de ces valeurs qu'on s'y nargue tant lors des exhibitions internationales.

Ce n'est d'aucun cas de l'autoflagellation ni un concours d'humiliations, mais une sorte d'inventaire ou de testament d'une époque confuse.

Contre des injustices perpétrées, Miss France chavirait d'une incertitude à l'autre ; et même là, les intentions prenaient encore le dessus quand elle persistait sur ce qu'elle n'est pas.

Ni gilet de sauvetage, ni caution du monde elle est. C'est un air de repos dès lors qu'elle reste éminemment elle-même ; surtout quand sa voix se mue indéfectiblement en actes, et que les bannières… les enjeux économiques démentiels ne priment JAMAIS sur ses fondements fraternels.

Revenons-en sur ce mot fraternel comme l'échographie inconsciente d'un christianisme dont les sillons s'abreuvent aux délices des intentions.
Marcher sur les pas du Christ parait comme intenable pour le commun des mortels. D'où cette fâcheuse conséquence qui fait que les extrêmes intentions finissent presque toujours par enfanter leurs négatifs dans de perpétuelles homéostasies[2] de la pensée.

Avant l'édification d'une quelconque égalité, il aurait fallu approfondir la nécessité d'un sentiment fraternel… ce sentiment d'appartenance de nos essences à cette communauté qu'est l'humanité.
Après avoir inoculé un tel prérequis dans le cœur des hommes, là, nous pourrons envisager une certaine égalité… et aussi des responsabilités qui en découlent.

Cette égalité, une fois pleinement consentie aurait fait en sorte que chacun s'y sent libre.
Libre ! Oui ! Une liberté qui fait que quiconque n'ait jamais cette sensation d'être emprisonné au point de se payer sa fameuse part maudite vers de énièmes paradis d'artifices. Une liberté qui s'annonce comme le socle même de la Civilisation.

---

[2] Recherche d'un certain équilibre dans le chaos.

De là, chacun pourra dire que « je suis libre, parce que je suis civilisé ».

La liberté ne signifie en rien de faire tout ce qu'on veut… d'humilier le visage de l'autre qui ne demande qu'à exister… à s'insérer sur le fil conducteur de la vie.
Ce n'est qu'une affirmation éclairée de sa propre singularité dans la conscience du monde.
Une liberté sans cela n'est qu'égarement… une diarrhée d'intentions.
En cela, la vraie devise « Fraternité, Égalité, Liberté » résonnera pour l'édification d'un Nouveau Monde.

Existe-t-elle vraiment la fraternité ? Ou est-ce encore de l'idéalisme éco+ sur le jugement même de la vie ? Existe-t-elle vraiment cette fraternité où on peut reposer son destin dans une tontine de l'esprit ?
Pour cela, demandons-en au président de la République… ce VRP du CAC40 à défaut des Français.

Ce dont j'suis certain, c'est qu'un pays qui ne promet que des chimères se retrouve décadent ; or, en la vilaine matière, ma chère France se voit si coutumière au point d'entrevoir sa propre Nuit d'un clair de lune.

## 17

Comment être fraternel dans cette société où il y a eu le martèlement de la culture individualiste… de l'égotisme des acteurs à travers les siècles ?

Toute sorte de nihilisme proposé a été un échec flagrant sur ce plan (la religion, la politique, ou autre) pour la simple bonne raison que la fraternité proposée se tablait sur un ADN manichéen inclusif, exclusif.

La vraie fraternité n'est jamais bornée parce qu'elle s'inscrit toujours hors frontière de l'être. Elle n'est jamais basée sur aucune promesse des lendemains chantants, mais tout simplement sur une certaine bénédiction de l'instant sans aucune volonté d'appropriation ou de jugements incessants.

*

De toutes époques confondues, les hommes ont essayé de savoir comment être plus fraternels comme s'ils voulaient rétablir une Tour de Babel, non pas pour concurrencer Dieu, mais en vue d'une quête profonde d'une identité refoulée.
D'emblée, on peut distinguer diverses façons d'actionner la fraternité à travers quelques exemples, même les plus loufoques.

Voyons-les.

Primo, tel un animal qui sait ressentir la souffrance de ses congénères, l'homme, par identification, déclenche spontanément une certaine pitié instinctive propice à un élan fraternel.

Lui, l'animal soi-disant raisonnable, excelle en cela... d'une telle fraternité dans la pitié... dans les larmes du désespoir.

Il en résulte que si le Mal a eu du sens dans beaucoup de religions, c'est sans doute pour consolider cette fraternité mortifère.

Ô, mon frère ! cette fraternité dans la pitié... dans le creuset des larmes n'est qu'un refus de la bénédiction de la vie lors de ses joyeusetés.

Deuzio, en laissant divaguer nos errances un peu à la « Indépendance Day », on peut s'imaginer que pour transcender les conflits interhumains, il faudrait la déclaration d'un ennemi commun. Ex. : une invasion d'extraterrestres qui mettrait en péril l'existence même de l'humanité.

De facto, les divisions antérieures, religieuses, économiques, sociales ou autres disparaîtront en faveur de la survie suprême de l'espèce.

Puis, tertio, il y a cette perspective reléguée aux oubliettes dont plusieurs poètes mystiques ont en fait l'écho. Là, il y a un nouvel essor vers une fraternité évidente, tangible sans la nécessité de la pitié ou de la désignation d'un ennemi intergalactique. Et cette nouvelle approche, c'est... la MORT !

Il est sans conteste, que nous sommes des êtres pour la mort. Et que chacun sache qu'à peine né, on est déjà capé pour la Juste Nuit.

En conscientisant ce destin commun que chacun porte au plus profond de son être, on ne va pas créer une société plus morbide qu'elle ne l'est déjà, mais un point d'ancrage... névralgique vers une fraternité effective.

En effet, toutes volontés d'accumulations, d'humiliations, de spoliations viennent du fait que chacun intrinsèquement se pense bizarrement comme des éternités en ce bas monde.

Incessamment, on nourrit à divers degrés, ce sentiment par des frivolités... de l'hédonisme abstrait ou de divertissements pascaliens pour ne pas voir la réalité de la mort sur notre conscience.

D'ailleurs, c'est pour cela que les gracieuses intentions triomphent aussi bien sous le masque de la fraternité

À quoi pourrait bien servir cela, ces vanités des vanités, si chacun dans sa démarche individuelle sait qu'il partage en commun cet appel du destin qu'est la mort ?

À partir de là... d'une telle prise de conscience, les rencontres interhumaines ne seront vues que sur le mode d'une opportunité intense... d'un « ici et maintenant » avant le grand festin de la finitude de chacun.

*

La société de l'hyper consommation en reléguant la Mort au tabou… au rayon de l'innommable, de l'angoisse, n'a fait que freiner son plus grand rival. Car une telle compréhension au plus haut degré de l'être implique des basculements ontologiques radicaux… des changements fraternels qui font que l'Autre se voit sur le mode d'un visage… d'une idiosyncrasie dont le respect s'en impose à toutes consciences.

D'une telle élévation, il y aura une nouvelle manière de produire, donc de consommer. L'Homme qui jadis se faisait maitre et possesseur de la Nature se retrouve en totale symbiose avec celle-ci.

D'un tel processus, il ne consommera plus de la souffrance par l'intermédiaire des animaux élevés dans des conditions épouvantables.
C'est dire, il pourra même se permettre de délaisser de la viande comme un choix supplémentaire de son engagement pour la vie.

Son rapport au Divin sera aussi d'une autre nature. En effet, pour ce dernier, il est d'une évidence que la peur de la Mort a favorisé l'épanouissement des religions.
D'un côté, vous avez le Paradis promis, de l'autre l'Enfer des Maudits.
Grosso modo, chacun, comme des marchands du temple, a façonné son Dieu-négociant où il suffisait de faire de bonnes actions… d'acheter des

indulgences afin d'avoir son p'tit billet paradisiaque.

Qu'importe l'endroit, des églises, mosquées ou synagogues, cette comédie festive des hommes se voit archi rejouée sur le fil d'un temps qui s'épuise à l'écoute des chapelets de revendications.

En ce qui concerne cette fraternité dans la mort, elle est dénuée d'angoisse en étant l'autre face de la médaille de la vie. La rencontre avec le Très-Haut ne sera basée sur aucun intérêt, aucune pression, aucune revendication… aucun débris de ressentis, juste une rencontre faite d'un véritable amour pour la vie.

D'une telle modalité, même Satan pourra aimer l'Homme avec un regard d'enfant… un regard qui n'est pas dans l'accaparement, mais dans un rapport de fusion de l'instant qui n'est qu'éternité.

Ces mendiants véreux qui squattent le chemin de la foi pour affirmer au sein de leurs communautés les intentions teintées d'hypocrisies ne seront plus d'actualité. Oui, avec cette fraternité dans la Mort, vous avez une relation directe avec Dieu… sans d'incessantes culpabilisations… une délivrance.
Et en cultivant cela… en rapportant la Mort à sa place légitime… au cœur même de la cité, sans tabou, le changement n'est plus qu'une utopie, mais… une véritable possibilité.

## 18

Après cette nouvelle conception de la vie qui donne une place prépondérante à la mort, sur quel levier pouvons-nous envisager du changement ?
Sur l'arme même des démocraties qu'est le vote.

Aujourd'hui, ce n'est plus l'ombre d'un désir d'avenir que se promet le vote au suffrage universel, mais bel et bien d'une ingénieuse extorsion dans la gestion des dettes publiques.

Qui dans ce banquet d'Orphée s'offrira la plus grande part ? S'interrogent ces messieurs des médias ou des journaleux qui spéculent déjà leurs quotas d'épouvantails à Matignon.
Et pendant que j'écris ceci, les aruspices fouillent encore dans les entrailles des anges d'excellentes dépravations.

Pour empocher un César républicain, ils s'assurent d'un sophisme d'apparats le SAV des accablements.
Les voilà en relayeurs de l'incertain… en délateurs de ce mausolée vivant qu'est devenue Miss France.
Les voilà, empêtrés dans la chienlit politicienne… ou dans cette mode en vigueur qu'est le clash des divisions, le clash des culpabilisations, le clash des condescendances, le clash des stigmatisations, le clash des clashs.

*

Voter ! Celui qui sait les facéties électorales a déjà l'onction du hors-jeu social.
D'une telle lucidité acquise par l'instinct de la Raison, il s'oublie au lieu d'alimenter l'éternelle frasque des saisons souffreteuses.

Certains vous bâillonneront de rhétoriques amplement réchauffées… voire farcies, juste parce que vous n'avez pas participé à la spoliation démocratique. Or, justement, c'est de celui qui s'est retenu de la farce collective qu'il y a encore l'once d'une salive crédible.

Ô, citoyen ! Savez-vous que le vote est une affaire plus que sérieuse ?
Savez-vous qu'actuellement on désire le vote du peuple, non pas par amour du prochain, mais juste pour noyer… diluer des responsabilités lors des défaites éventuelles ?

Ce n'est pas parce que le sang est invisible au loin, comme dans une sorte d'expérience à la Milgram, que vous n'êtes jamais coupable des exactions commises par votre champion.

Ô, citoyen ! Ne soyons plus coupables des impacts de balles ou des index mortifères proférés en notre nom via l'instrument du vote.
Ne soyons plus coupables des déchéances étatiques lors de la procession des zombies.

De ces évidences où la décrépitude s'offre en argent de poche, acceptons les votations sous certaines conditions.

Si le vote n'est qu'un obus éventuel pour stigmatiser un peuple en cas de faillites historiques… exemple l'Allemagne nazie, il est aussi un moyen pour maintenir de la cohésion nationale, à condition, qu'il y ait en son sein des process de régulations tout au long des mandats.

La reconnaissance du vote blanc… la possibilité de destitution, ou des poursuites pénales à l'encontre des gouvernants sont de vrais moyens pour consentir à la perte de ses responsabilités en cas de manquement.

*

Un vote égale une voix. Une voix, c'est un citoyen lambda qui survit sous la coupe des idéologies dont la matérialité s'inscrit sur la politique nationale.

Ô, Citoyen ! Vous voulez changer ardemment le monde depuis l'astre de vos utopies, alors que vous êtes incapable de changer vos habitus… ces fils invisibles qui vous remuent sans cesse, et qui assouvissent vos maitres que vous adorez détester, haïr par lâcheté.

## 19.

De Nantes où s'enlise ma voix aux sons des gyrophares, maints citoyens suivent dans leurs votes une certaine logique.
Voyons ce laboratoire de la déliquescence qui forge son idéologie la plus en vogue... le Gauchisme !
C'est quoi ? Ce résidu de nihilisme chrétien qu'on refourgue afin de se voir gentil ou ce manichéisme capable de vous faire débusquer la lutte des classes même dans un verre d'eau.

Monsieur le Gauchiste vénère la Colombe de l'Olympe, mais n'a que le verbe de l'Ankou sous les canines. Pour lui, les objets de son champ d'analyse sont des instruments de réification du monde sur le mode Replay.
Cette idéologie s'infiltre même dans les genres où la femme devient l'éternelle victime... l'homme, l'éternel bourreau, manipulateur narcissique des magazines de psychologies à la mode.

*

Regardez, ces féministes qui ont besoin de cela afin de promouvoir leurs assos ou actions, ou satisfaire la vacuité de leurs vaines existences.
Soyons encore factuels. Lors d'une séparation de couple, qui aura plus la garde dans l'inconscient des juges à propos des marmailles ?
Bien sûr, la femme, à moins que celle-ci ait des défaillances insolubles.

L'homme quant à lui, n'est qu'une taxation d'une pension alimentaire ou un certain soupçon qui n'ose pas dire son nom.

*

Certaines femmes ont d'invraisemblables manquements parentaux, mais il y aura toujours ce relativisme nommé laxisme déguisé en mansuétude parce que le schème mental qui gouverne la conscience de la justice familiale, des magistrats, n'est qu'une infection d'intentions… donc de gauchismes patentés.

L'homme, lui, sera vu ad vitam aeternam comme du soupçon par ces mêmes gens progressistes, féministes, qui font l'apologie de la liberté des genres ; et qui cadenassent lamentablement la femme dans son rôle de faible… de ventre nourricier ou de procréation. (Procréation : comme cet écho biblique, qu'est d'enfanter dans la douleur)

Le gauchiste ayant bu jusqu'à la lie de l'hégélianisme a oublié la dialectique dans son champ d'analyse.
En effet, prôner des libertés insolubles et au finish figer les consciences est un dur métier d'équilibriste, car toutes consciences n'ont qu'une vocation de se mouvoir dans le champ perpétuel de la dialectique.

La défense des libertés individuelles sera et restera son credo… certes légitime.

Ses cris libertaires embrassent les cœurs de tout horizon d'un espoir nouveau.

Tel un faux prédicateur d'un nouveau genre, il stigmatise le grand Capital qui détricote les liens sociaux tout en proposant dialectiquement des chaînes encore plus pernicieuses.

Par ailleurs, il se voit être une force de proposition lors de ses recherches des éternelles victimes… même à travers son ombre ; puis à l'aube de sa vieillesse… des remises en question, il se rend compte qu'il n'a été qu'une rustine ou une onction de ce système capitaliste si dénigré.

*

Regardons comment la cause de la femme lui tient à cœur. Elle, qui se voit travestie en victime éternelle de la société de consommation pour un énième round de la lutte des classes.

Sous le masque de l'émancipation, on l'injectera sa faiblesse pour justifier maintes revendications à travers des aides étatiques, associatives ou autres.

De là, par un savant martèlement idéologique, la femme sera figée dans sa conscience au point d'avoir ce sentiment d'être redevable.

Et sa façon d'être redevable serait d'épouser sans le savoir l'idéologie de la jouissance sans entrave… de l'outrancière liberté du corps sans équivoque.

Oui, en jouissant de son corps... de sa sexualité comme elle entend, elle pourra même se permettre de jouer le jeu d'un certain porno dit féministe.

Elle pourra accepter facilement sous le poids de la misère sociale de se vendre... d'être une simple location sexuelle ou de ses organes aux plus offrants. Ex : prestations sexuelles, GPA (gestation pour autrui) ventes de reins, ou autres.

Voilà comment l'antiféminisme s'alimente dans le berceau du féminisme.

*

Le gauchisme vous conçoit la victime, non pas pour transcender la prise de conscience vers de meilleurs horizons, mais pour cadenasser les volontés individuelles dans des buts purement électoralistes. Et son insolence frise la voie royale des bonnes intentions, donc de l'hypocrisie. Sur ce, voyez l'illustration qu'est SOS Racisme.

Voyez-les, ils sont légion, partout avec des tee-shirts du Che, le Keffieh assorti en scrutant tels des sphinx incompris les brillances de la Jet Set branchée.

Disons que chez eux, l'amour du prochain reste la plus belle des cagoules dans ce cloaque à ciel ouvert qu'est devenu ce pays.

Monsieur le gauchiste vous refile de l'assistanat avec sa culpabilité d'église. Il vous donne des stocks d'espoirs... même lorsque vous ne réclamez qu'un sourire de tolérance. Il inscrit votre nom au registre des allocataires du RSA en ayant déjà un canif de rictus de complaisances.

J'les vois, et les accuse d'avoir l'esprit refoulé du capitaliste… de démanteler comme certains 68ards avant lui, les superstructures (religions, lois, morales ou autres) qui faisaient figure de résistances de son ennemi capitaliste.
D'ailleurs, son modèle organisationnel aboutit toujours au même résultat… à un certain conformisme social.
L'un l'est par sa volonté de faire du profit… par l'élaboration des économies d'échelles… des concentrations industrielles, types monopoles, oligopoles, l'autre l'est d'autant en amont par la planification qui dicte les corps et les âmes dans le sens souhaité.

Cette volonté de « freezer » les victimes de la société, c'est une façon de les tirer les chaînes aux mains pour mieux les clouer en plein cœur dans une échéance plus ou moins lointaine.
Un tel procédé empli de bonnes intentions satisfait sur le court terme la victime qui reconnait son statut par une institution ou le déblocage des aides appropriées. Mais un tel statut peut aussi la plomber pour la vie entière.
Oui ! pour la vie entière, car mes frères et sœurs, on ne bâtit rien de beau sur une mentalité d'esclave. Rien, à part d'autres ruines à géométrie variable.

*

Entre ce combat du remplissage de ses organes, et l'esprit, l'esprit l'emportera toujours.
De plus, à force de carburer les cervelles d'espoirs improbables, les cruelles désillusions aiguisent les crocs d'un Serpent qui guette à l'ombre de l'inconscience. Son nom ? Le Fascisme.

Un autre révélateur de cette mentalité serait la jurisprudence de l'homme abstrait.
Plus un homme se voit éloigné de son champ visuel ou d'analyse, plus il est proche de son idéal.
Finalement, ce type de gauchisme veut défendre l'écologisme, le mondialisme, les pénuries en Afrique, les migrants invisibles qui peuplent ses fantasmagories sous le masque du « VIVRE ENSEMBLE » à condition que ces individus ne côtoient jamais le palier de son immeuble.

Une telle disposition d'esprit gangrène tout bord politique en cultivant à foison des paradoxes jusqu'à l'absurdité.
Oui ! Surtout quand on offre des devoirs de mémoires à la Nation par l'édification des statues semblables à des mausolées, non pas pour avoir un pied vers l'avenir, mais comme un signal de résignation. Surtout quand on s'épanche vers la quête d'un monde meilleur tout en ouvrant la boite de Pandore de la précarité... des violences

symboliques[3]. Surtout quand on préfère de l'éternel homosexuel… l'éternel juif… l'éternel musulman ou autres afin d'asseoir son relativisme dans un monde en fluctuation.

*

Le gauchiste se voit être un artisan providentiel des conciliations… de la bonté, de celui qui reste proche du peuple, mais son monde lié à son héritage marxiste n'est qu'exclusivement un bloc d'affrontement.
Or, si vous jugez que par le prisme des résultats, et nullement sur les saintes intentions, ça schlingue l'indéfendable !

Désormais, sa posture le trahit au simple fait qu'il n'arrive plus à monnayer sa lubie au plus malchanceux des quartiers.
Parfois, c'est un casse-tête chinois pour lui lorsqu'il prend de plein fouet toutes les dissonances cognitives de ses actions. Surtout quand sa sainte clientèle des banlieues, jadis défendue avec ferveur par du SOS Racisme, a de véNielles tendances antisémites, homophobes, antiféministes.
Son relativisme est un acquiescement aux autres formes d'exclusions dont il se voit en être le garant.

---

[3] Intériorisation qui fait que le sujet joue malgré lui le jeu de ses maitres. Ex. : à force de se voir en victime, on finit par accepter ce rôle sans le savoir.

D'un ton quasi prophétique, j'l'annonce, vu qu'on n'échappe point à la dialectique, ça sera au nom de l'antiracisme que se baignera l'antisémitisme. Ça sera au nom de la lutte contre l'homophobie que se baignera l'homophobie.

Ça sera au nom du féminisme que se baignera l'antiféminisme.

Toute cette baignade idéologique aura l'onction des mirifiques intentions d'autrefois.

*

Parfois, son incapacité à combattre la précarité… le chômage de masse fait en sorte qu'il devient un sophiste exemplaire à ses heures perdues ; et lorsqu'il est dans de tels états, il ne s'entend même plus. Et quand vous, vous lui dites cela afin qu'il se ressaisisse, il résiste, il résiste, il lorgne sur son nouvel électorat, l'immigré de service fraîchement débarqué afin de l'inoculer l'idéal… l'éternel enchantement du monde jusqu'à ce que celui-ci s'en trouve aussi lassé.

Être fagoté de la sorte, ce n'est plus s'asseoir à la salle d'attente du Fascisme comme l'aurait dit le papy Ferré, mais purement dans le salon.

# 20.

Comment s'est instituée une telle idéologie au-delà des partis constitutifs de la Nation ?
Par un système finement mené jusqu'à l'inconscient qu'on peut qualifier de « démocratie totalitaire ».

En effet, ce n'est que par des mécanismes de l'aide à la personne... d'un certain bien-être via diverses manières qu'il est possible d'activer cette évangélisation des intentions sur les consciences.
Parfois, quand la situation se mue en assistanat, ce n'est pas que de la faute du bénéficiaire qui au finish sera stigmatisé de fainéant... de profiteur du système ou d'impotent ; mais simplement, parce que c'est plus pratique de rendre dépendant quelqu'un pour mieux le modeler selon ses bons désirs... lubies d'artifices.

*

Le socle même de ce pays est régi par la laïcité (*séparation de l'église et de l'État, du public et du privé en vue d'une sauvegarde de cohésion, et d'éviter la gangrène du communautarisme*).
Or, les maires qui sont là depuis plus de 20 ans squattent les domaines privés par l'intermédiaire des présidents d'associations qui voient à travers leurs créations associatives comme un ascenseur social pour des subventions ou autres.

L'une des techniques gauchistes qu'est la création des associations comme la maintenance du pouvoir a été dupliquée par tous bords politiques confondus. Même le droitard jadis très suspicieux l'utilise à bon efficient.

Assurément, se constituer adhérent d'une asso (sportive, culturelle, ou autres), vous emmène indirectement vers des dilemmes politiques, alors qu'en principe vous n'avez rien demandé. Et aussi du fait que ça soit privé !

Combien d'assos qui sous le masque de la neutralité font un travail de sape de ravitaillement, voire de rabattages pour la municipalité déjà en place ?
Dites-le-moi ? Comme chacun le sait, la main qui donne est toujours supérieure de celle qui reçoit, ainsi, ces rabatteurs ont des promesses subliminales de carrières par des cooptations ou pistonnages, des accès VIP implicites afin que ça ne se voie pas, et d'afficher un semblant d'indépendance des choix.

On peut légitimement en douter que si certains maires sont à la tête de leur ville depuis mathusalem, ce n'est pas que pour leurs compétences à la vue du délabrement de celle-ci, mais par le maintien d'un jeu de pouvoir à travers les manivelles associatives ou autres.

Sérieusement, si créer une asso n'avait que la fonction de l'aide au prochain, ça ferait longtemps que ça n'existerait plus.

Une asso, au-delà d'une aide… d'être une réponse à un vrai besoin sert avant tout d'instrument de conservation de l'establishment.

Que c'est diaboliquement ingénieux, prodigieux une telle mainmise sur les consciences ! Cette maintenance de l'immobilité… du cloisonnement de la pensée… des votes sous couvert de la promotion du dynamisme… d'un certain progressisme sociétal.

## 21

D'où proviennent ces intentions immaculées qui font la promotion de l'exclusion ou autres par des phénomènes purement dialectiques ?

Cette pensée de vouloir s'incarner en apôtre absolu du Bien prend sans doute son essor dans l'Histoire des religions.

Voyons ces religions dites monothéistes afin de saisir l'emprise d'une telle expansion aux confins de la conscience.

Au début, comme vous en doutez, il y a eu le Judaïsme… une religion imprégnée de Lois… d'impératifs catégoriques dont les principaux instigateurs emblématiques sont Abraham et Moïse. Abraham, sous l'interpellation du Très-Haut, ne se serait jamais retenu lors du sacrifice de son fils Isaac comme ultime dévouement.

Et qu'heureusement, comme vous le savez, par l'intermédiaire d'un ange, Dieu l'avait stoppé au dernier moment pour lui conseiller d'y prendre un animal à la place… symbole d'un scellement d'alliance.

Il y a aussi Moïse, celui qui a récupéré les 10 commandements sur le mont Sinaï pour son peuple.

Ces deux figures tutélaires mettent en exergue aussi bien le caractère de la croyance de l'époque, ainsi que du Dieu qui met à rude épreuve son peuple afin de mesurer sa fidélité.

Un simple manquement de celui-ci ? Et l'arrière-goût du Déluge se faisait déjà sentir.

Après le judaïsme, il y a eu le christianisme, qui selon Jésus n'est pas venu pour abolir, mais pour accomplir la Loi... donc les préceptes de l'Ancien Testament.

Avec lui, la personnalité d'un Dieu magnanime, miséricordieux est plus mise en relief.

Les dévots de ces époques, forgés dans la Loi de Moïse, donc de l'Ancien Testament, appliquaient à la lettre les règles sans retenir l'esprit de la Loi. Et l'intervention de Jésus n'aurait été qu'un rappel à cela.

Par exemple, la scène avec la prostituée Marie Madeleine s'en illustre à merveille :

Là, où elle se voit être soumise par la lapidation populaire, Jésus assène à la foule : « que celui qui n'a jamais péché jette la première pierre ».

Par ces mots, il veut interpeller celui qui obéit aveuglément à la Loi sans avoir un certain recul des situations. Puis, une fois que les hommes sont partis, Jésus interpelle la femme, la pardonne tout en suggérant de ne plus pécher.

Certains ont oublié cette dernière recommandation du Christ, d'où la volonté manifeste de taxer le christianisme d'un certain relativisme ou laxisme.

Enfin, nous avons la dernière des religions… l'Islam… une religion qui n'est pas vue comme la simple synthèse des deux autres comme aurait été la vraie dialectique hégélienne, mais d'un certain retour au forceps de la Loi dans le marbre de la conscience.

Par conséquent, l'Islam n'est qu'un judaïsme refoulé dans son fondement… un retour à l'ordre établi d'un christianisme jugé trop relativiste.

De là, on peut saisir que le conflit de ces deux croyances n'est pas que dû à un accaparement territorial, mais simplement parce qu'elles se sont télescopées dans leurs essences réciproques.

De cette archéologie religieuse, il n'est pas sans dire que les gracieuses intentions trouvent leurs expressions au sein du christianisme… de cette marge de manœuvre qu'offre l'interprétation.

Et parfois, telles des bulles spéculatives, elles arrivent à leurs paroxysmes avant que ne sonne l'indéfectible chaos sous le masque de la bonté… de la caritas

Le christianisme… ce continuum d'un certain judaïsme qui avance de façon masquée a été la situation idéale d'être en relation avec le paganisme légion à l'époque.

En effet, la rigueur du judaïsme ou de l'Islam aurait été vue comme un affront intolérable aux anciennes divinités.

Du coup, nous pouvons conclure que ce n'est qu'avec une évangélisation du cœur que le christianisme a eu son droit de passage, même si après il y a eu des volontés d'asseoir des conversions par l'épée.

Effectivement, il est plus facile d'entrer dans la conscience d'autrui avec des fleurs de la compassion… des sublimes intentions que d'afficher d'emblée l'impératif catégorique des commandements divins.

*

Le christianisme a conquis les cœurs, et la possibilité du passage d'une hétéronomie à une autonomie, d'où l'Humanisme occidental.

De ce fait, de tout temps, on verra poindre ces belles intentions à leurs paroxysmes comme un appel mortuaire marquant plus une sorte de dysfonctionnement ontologique.

## 22

Par l'instauration du péché originel, les descendants d'Adam se sont vus devenir des victimes par le poids de la culpabilité.

Cependant, avec la figure symbolique de Jésus, nous assistons à l'édification d'une victime innocente personnifiée prête à racheter tous les péchés du monde.

En se faisant « l'agneau de Dieu », il devient le bouc émissaire[4] idéal de la société entière.

Un tel passage assumé vers l'innocence de la victime deviendra un point d'ancrage pour une société de victimisation, donc de possibilités d'exploitation globale.

Il ne s'agit nullement de vilipender le christianisme qui a apporté à la société une certaine sagesse, mais de voir les racines de celui-ci qui ont créé des dérives dont nous portons encore aujourd'hui les stigmates.

Prenons des exemples :

On sait que le travail… ce tripalium, est vu selon les préceptes bibliques comme laborieux par la malédiction de la terre nourricière ; et que l'homme devra travailler à la sueur de son front pour le rachat du péché originel.

Chaque jour durant, il se conformera à cet adage jusqu'à son dernier souffle.

---

[4] Sens Girardien

Selon les ordres bibliques, ne pas travailler aurait été sans commune mesure une impossibilité de racheter son péché… donc, un signal d'anormalité sociale.

En conclusion, dans un tel monde de la transcendance, un chômeur se verrait dans l'incapacité même de se définir… voire d'exister.

En sachant cela, on peut facilement saisir qu'une telle idéologie pouvait s'apparenter à une aubaine pour les Puissants qui n'hésitaient point à en faire écho envers le chômeur dont on a transfusé cette violence symbolique.

En effet, en plus des dégâts psychologiques ou des stigmatisations relatives à sa pauvreté, celui-ci pouvait se sentir coupable… indigne de son fardeau divin.

L'enchanteur des parfaites intentions sait que l'impératif biblique de la promotion de l'exploitation du travail ira de pair avec l'esprit conservateur ou spoliateur des Dominants.

En effet, pour lesdits Dominants, le profit se confond à un Moloch qu'il faudrait alimenter de bras, de sueurs ou de larmes sur l'échiquier du destin. Et cette incessante recherche des salaires à la baisse engrangerait des plus-values marginales qui évaporaient le monde vers le chômage de masse. Chômage qui par ricochet mettra évidemment en péril la survie même du système. – Enfin, comme l'avait dit Marx, c'est un serpent qui se mord la queue !

Avec la révolution industrielle, il a fallu valoriser le travail hérité de l'ancien régime[5].

L'arrivée d'une pensée hégélienne conforte cette idée du travail libérateur, émancipateur.

En effet, l'esclave s'affranchit du joug du maitre par sa capacité de maitrise des techniques que le maitre, lui, ne dispose plus au simple fait qu'il s'est magistralement déconnecté du réel.

Parallèlement à cela, nous apercevons aussi à l'émergence d'un chômage de masse, donc aux premières victimes innocentes de la machinerie capitaliste. Et ces victimes innocentes, donc non coupables, résonnent tel un écho à l'héritage du chrétien[6].

Grâce à ce point d'ancrage, les gracieuses intentions ainsi que l'amour du prochain seront exacerbés ; et le chômeur, lui, ne sera plus senti, apprécié sous l'angle de la culpabilité originelle, mais simplement sous le joug de la victime, voire de l'éternelle victime de la lutte des classes.

En conséquence, de cette nouvelle législation de la pensée, l'enchanteur figera le chômeur dans sa conscience. Oui ! Il le façonnera en martyr d'un capitalisme débridé jusqu'à ce qu'il arrive au bout de sa démarche, et que tout principe de réalité le rattrape, et que la situation exige qu'il soit plus véhément envers celui-ci.

---

[5] Laboratores, idée du labeur.
[6] Ex., naissance du christianisme social.

*

De ce fait, ça sera au nom du travail libérateur hégélien[7] imprégné d'idéalisme que l'enchanteur fera travailler les hommes comme des esclaves payés pour des kopecks.

Oui ! ça sera avec le masque de la belle compassion, de l'indéfectible nécessité de besogner qu'il saura proposer aux chômeurs d'être des esclaves atypiques vers diverses assos ou autres afin de justifier des aides sociales déguisées en salaire d'aumônier.

Un deuxième exemple… les personnes handicapées.

Au début, avec l'Ancien Testament, par son défaut corporel une personne handicapée se voyait écarter d'office devant l'Éternel[8], puis peu à peu il deviendra une victime innocente qui mérite de la compassion.

---

[7] La dialectique du maitre de l'esclave garde la rigueur du judaïsme « travailler à la sueur de son front » par une lutte à mort des différents protagonistes tout en gardant le côté salvateur, rédempteur, libérateur du christianisme, ainsi que l'évolution des conditions.

[8] L'Éternel parla à Moïse, et dit : 17 parle à Aaron, et dis : tout homme de ta race et parmi tes descendants, qui aura un défaut corporel, ne s'approchera point pour offrir l'aliment de son Dieu.

Au commencement, l'enchanteur des intentions figera le sujet « handicapé » comme une expression même de l'humanité sous la coupelle de la victime perpétuelle ; puis, au fil des ans, il osera au nom d'un certain eugénisme moralisant empli d'intentions de faire accepter l'idée d'une extermination de celui-ci pour le bien-fondé de ladite communauté.

D'ailleurs, c'est ce qu'avaient opéré les nazis à l'époque ? Eux qui ne sont que les relayeurs extrêmes d'une pensée purement gauchisée.

Pour ce dernier exemple, ce n'est pas un signe de la faillite de la pensée par l'utilisation du point Godwin, mais de la transposition d'un incessant retour du bâton des ravissantes intentions au fil de l'Histoire.

En conséquence, nous devons être très mesurés en nos intentions pour ne jamais créer le berceau d'un chaos irréversible en chaque homme. Or, ce système qui reste dans son hubris de réifications des hommes par du sentimentalisme ne fait que reporter les désillusions dans le Styx du Néant.

## 23

Puisqu'il a été dit quelque part que nous serons des perdants parmi les perdants, laissez-nous au moins la fierté des vermisseaux… rien que ça !

Que dire de nos pédagogues qu'on appelle les profs ? Même à 25 piges, ils traduisent un siècle d'intentions en réserve, surtout quand ils se voient en relayeurs des 68ards désenchantés.
Leurs difficiles jobs de plus en plus précaires ne sont plus la transmission des fondamentaux en vue d'avoir des citoyens responsables en moisson, mais de tâter simplement le pouls des désespérances en s'improvisant psychologues ou assistances sociales.

Certains d'entre eux, dépités, délaissés à la cave de leurs idéaux, ont le suicide en dopamine. Suicide qui sera d'ailleurs comptabilisé comme de l'aubaine inespérée pour un remplacement ou cellule d'écoutes. – Enfin, v'là comment ça crée de l'emploi à l'éducation Nazionale !

L'école, haut lieu de socialisation… de la perpétuation des valeurs ou de l'ascension sociale, évolue en devenant l'emplacement d'un dilemme, d'un combat martial… tristement infernal.
Et ceci révèle une telle vérité que ce slogan d'un certain Victor Hugo qui voulait qu'en ouvrant une, vous fermiez une prison, n'ait plus lieu d'être.

D'ailleurs, j'irais un peu plus loin, en avisant que dans une certaine mesure que ce n'est qu'un prérequis pour les limbes carcéraux.

En effet, par une sorte d'alchimie inversée, l'ouverture d'une prison devient la condition sine qua non d'une école.

\*

De ce coming-out de l'Enseignement, la reproduction sociale de l'échec se fait à travers des ZEP toujours aussi opérationnelles quand il s'agit d'édifier son lot de dégénérés.

Les profs, de ces zones dites d'éducations pour l'abandon, ont des démences frôlant l'asile.

Tantôt, par amour du prochain, ils y croient du bien-fondé de leurs rôles… de leurs grandeurs ; et tantôt, ils sont dépités… pan ! à la vue de leurs conditions… de leurs misérables salaires en comparaison des deals opérés au sein même de l'enceinte.

Leur idéal qu'est l'émancipation des consciences se trouve soumis à l'atavisme égalitaire. Et pour ce faire, leurs supérieurs hiérarchiques les ordonnent sous le voile d'une certaine égalité des chances d'évaluer les cancres, les bosseurs avec des notations similaires.

Ça y est ! L'insuffisance scolaire a eu son triple A, et l'année se poursuit dans le meilleur des capharnaüms possibles.

Combien de ces pédagogues ont tué dans l'œuf des futurs potentiels… des créateurs, au motif qu'avoir une tête plus haute est irrespectueux ?

Bien des fois, pour s'acheter un semblant de paix sociale en classe, ils dealent l'écoute des cancres en nichant aux programmes annuels des rappeurs à moquettes ; et les élèves d'un flegme s'y intéressent à condition qu'ils puissent textoter leurs smartphones.

De ces orbites que vous voyez, j'en ai vu, et pas qu'un peu, des talents ratés… des orientations décalées sous prétexte implicite qu'un fils d'immigré n'a d'égal que le RSA comme promotion sociale.

Pour eux, l'instruction se conçoit à l'autre coin de la rue… entre l'insouciance et le cric des canifs.

S'il y a bien une instance où les chantres des intentions ont le beau rôle, c'est bien à l'école.

D'un trait, vous passez aux mirages républicains, égalitaires de l'instruction pour tous jusqu'aux distinctions des plus féroces lors des reproductions sociales affolantes.

*

Une fois à la fac, nos jouvenceaux… étendards de nouvelles espérances, s'enflamment chez leurs géniteurs les rengaines anarchistes.
De leurs frêles cervelles malléables à souhait, ils s'injectent de surdoses de philanthropies que ce soit de leurs cacas ou miroirs. Puis, blasés d'inextricables forfaits, ils se font l'antenne-relais du FN.

Quelquefois, ils s'arrogent d'un esprit capitaliste dès l'instant qu'ils se projettent au-delà de leurs jobs pépères de pizzaïolo ; puis, quand ça sonne le glas des indemnités chômage, bing ! direct, les revoilà en rabatteurs socialistes ou communistes de leurs quartiers.

L'âge se faisant, la vieillesse les baptise d'une certaine sagesse stoïcienne au point d'en croire fermement que le monde n'a jamais eu besoin de l'Homme pour exister.
Plus d'éternels retours… d'un semblant de pareil au même, mais juste un fleuve infini où tout coule.

Avec cette nouvelle acceptation, ils se retrouvent au placard de l'inutile, n'importe où… dans ce stage funéraire que sont les EHPAD à l'écart d'une société friande de jeunisme.

Néanmoins, comme un baroud d'honneur avant d'être au caniveau de l'anonymat, ils auront le temps de refiler leurs héritages de ressentis à la prochaine génération qui les verra comme un poids ou alibi sociétal…

Une telle trajectoire allant de l'école à la morgue, révèle la culture névrotique de l'errance… l'imbroglio de l'existence, ainsi que l'aspiration d'une liberté qui échappe sans cesse à la conscience.

Qu'importe où vous serez, ce monde est déjà quadrillé d'idéologies ; et qu'il ne manque que votre expérience pour y placer.
Grosso modo, chacun joue sa survie dans une roulette russe qui le dépasse en tout point ; et qu'il faille avoir du courage… du panache d'un Cyrano pour se dire avant l'obsolescence qu'il serait de bon ton d'espérer un peu moins en vivant un peu plus.

Juger ce monde qu'à travers ses cadenas vous orientent irrémédiablement vers l'amnésie.
Voilà comment parlent les sages !

# 24.

Après vous avoir démontré à quel point les citoyens habitent des idéologies au plus grand bonheur des instigateurs, voyons-en brièvement un remède.

Mon frère, luttez contre le cloisonnement de son être, voilà LE vrai défi d'une vie.
Chaque jour, nous rencontrons des gens de divers horizons, et inconsciemment ces relations nous définissent inextricablement dans nos choix… dans un « MOI », qui, finalement, fatalement, prendra le pas sur d'autres potentiels « MOI ».
Ainsi, on se réifie au point même que tout ce qui n'est pas soi se voit catapulter vers la remorque du souvenir.

L'âge se faisant, quiconque se fait un album de sa personnalité, et s'il y a quelque chose qui s'avèrerait impossible, on le dénigrera par de l'Oubli.

Dans cet océan de l'existence, chacun essayera d'être sûr de soi afin d'être au mieux pour son rôle de futur juge de la condition humaine tout en exhibant fièrement son cloisonnement soi-disant salvateur.
Et dire que ces années d'existentialismes à foison n'ont jamais pu y remédier ; or, le vrai humaniste lutte continuellement contre cela.

*

Se cloisonner ? C'est reposant, réconfortant, surtout dans une société où il y a tant de transitions, tant de bouleversements au point même d'envisager le Ciel comme un prolongement d'un enclos déposé sur soi.

Cependant, se cloisonner s'avère aussi comme une manière judicieuse de figer le visage de l'autre... la nature environnante des choses.
Un tel penchant est propice à l'élaboration d'une pensée façonnée d'intentions pour juger la vie, et la nier aussitôt.
Savoir se cloisonner comme il faut... juste avec la dose appropriée pour mieux s'ancrer quelque part sans s'éterniser ou même appartenir à ce quelque part relève à de l'Art.
Sans doute qu'il y a qu'un fou qui pourrait vivre pleinement de la sorte ; mais vivre dans ces enclos mentaux est si insupportable pour celui qui sait qu'il y a autre chose au-delà des murs de la vie.

Ô, mon frère ! quitte cet enclos façonné depuis ta naissance... tes premiers cris.
C'est l'hymne même de la vie qui t'attend... une faculté d'être émerveillé par toutes choses, des moindres recoins où s'impatiente un regard neuf, non confit.
Oui ! Quitte ton enclos afin d'entrevoir cette silencieuse éducation qu'offre le Dehors !

Quitte ton enclos, j't'en supplie. Car c'est à partir d'un tel départ, que tu feras l'impasse sur les médisances, et vivras pleinement la vie comme ces souvenirs d'enfants qu'on garde précieusement en soi au fil des solitudes amoureuses.

*

Ceux qui veulent rayonner lors des speechs afin d'asseoir la suggestion de leurs supériorités dans la conscience d'autrui ont éteint leurs yeux.
Ils sont devenus des idolâtres. Oui, ce sont des idolâtres ! Or, un idolâtre ne fait que suivre l'air du temps tout en essayant d'avoir de la consistance à revendre...

Si t'es croyant, suis ton Dieu en cultivant la bonne distance ; ni trop loin ni trop près pour ne pas t'aveugler de son essence, ou oublier les hommes qui portent en eux son image.
Fuis tant qu'on y est ceux qui veulent te refourguer du bonheur à tout prix dans le but de surfer perpétuellement sur toutes culpabilités... cette génitrice de l'escroquerie. Car le jardin d'Éden ne se partage jamais.
On y est ou on n'y est pas ; et si tu n'y es pas, fais tout pour celui qui t'appartiendra.

Fuis ces intellos semblables à ces mantes religieuses qui ne font que proposer leurs chaînes en vue de se délivrer eux-mêmes. Eux, ces p'tits stratèges de l'empathie ayant tant investi le logos de leurs méchancetés.

Ô, mon frère ! celui qui sillonne les ruisseaux de la sagesse sait que les champs de la connaissance sont tellement fragiles, évanescents, et que savoir, c'est déjà en soi un enclos sur mesure.

Celui qui se met toujours dans la position de l'ignorant a beaucoup plus de chance d'apprendre que celui qui sait, car mentalement, il brise cet enclos pour accepter toute déterritorialisation de son esprit pour aiguiser sa dialectique… balancer aux orties tout ce qu'il aurait appris jusqu'alors.

*

Bienheureux soit, celui qui ne sait rien !
Se décloisonner, c'est d'être un pont pour l'humanité… le vrai défi de la vie !

Ô, mon ami ! Toi qui veux être un pont, mais qui t'es limité à tes propres préjugés ou intentions foireuses, as-tu déjà quitté ton enclos ?
Voilà comment parle l'esprit honnête qui espère se bonifier aux confins des solitudes.

À partir de là, j'saisis en ton for intérieur que la vie n'est qu'un mouvement, et que se figer comme l'aurait fait un gauchiste avec ses mêmes loisirs, ses mêmes fréquentations, ses mêmes distractions des sens, ses mêmes détections des victimes éternelles, c'est déjà mourir un peu malgré soi.

*

Voyons de la façon comment l'autre s'agence, non pas pour la sentence qu'affectionnent ces fonctionnaires du jugement, mais dans l'unique optique d'y déceler des points de résonances pour l'humanité.

Ô, mon frère ! On s'attache trop à ce qui nous relie pour ne pas être éjecté dans le concert des relations, mais jamais à ce qui nous différencie…
Une différence qui n'est pas une histoire de peau dont sont friands ces hominiens pinaillant du racisme à volonté comme d'un alibi.
Cette différence, c'est un hors cadre… une façon singulière que l'autre affiche à la face du monde comme mode d'existence. Or, le génocide invisible, inaudible, c'est d'annihiler cette singularité qu'on porte en soi afin de satisfaire son Moloch d'artifices.

## 25

Vers quelle position s'orienter lors d'une question ? À force d'aiguiser les angles d'un absolu amplement désiré, la vanité surplombe déjà l'ataraxie méritée.

D'après d'éminentes expertises, un homme, ça s'empêche, doit être surmonté avant de le jeter aux fosses communes de l'Histoire.
Combien de valeurs devrions-nous édifier avant de les démonter une à une sur l'autel d'une prise de conscience ? Combien d'intentions professorales snifferons-nous sur le crâne d'un étron ?

De Nantes, bastion ou mausolée des socialos, s'écrivent en moi ces élans sans véritable destination.
Quoi qu'il se dise, il y aura toujours quelque part les traces d'une récupération doctrinale avançant à tatillon afin de s'allouer un soupçon de sagesse inexistante.
Même ceux qui ne voient qu'en la France une esplanade de prédilection pour de l'apartheid vous revendiquent une quelconque appartenance.
Et que dire des intellectuels télévisuels qui n'ont fait qu'attiser finement de leurs propagandes de l'antipathie ou stigmatisations ?

Là où la République s'abandonne, les métastases communautaires ballonnent. Et du haut de la tour Bretagne, j'récuse ces cargaisons universalistes qui n'ont que la jurisprudence de l'Homme abstrait comme endorphine au point d'asseoir sciemment ou pas les ficelles consuméristes.

J'récuse ces politiques ayant abonné les Français aux désespoirs latents des extrêmes au motif qu'ils sont déjà abonnés des réalités nationales.

Attendu que tout acte de terrorisme est avant tout mental, j'récuse ces terroristes de l'espoir qui pinaillent tant de laïcités en signe de divisions pour y raffermir encore un peu plus leurs idéologies à philanthropies variables.

J'récuse ces vendeurs d'illusions qui derrière leurs verves patriotiques ont déjà signé l'OPA de l'âme française. J'récuse nos ingérences sur le destin de l'Afrique en offrant la démocratie par des contreparties.

D'une telle morosité, j'crie PAIX ! ... PAIX ! ... PAIX ! Soyons donc enfin l'hommage même du Divin.

Ô, France ! ta droiture, j'la couve en mon sein meurtri afin que les générations me l'arrachent d'une vive voix même lorsque j'ne serai plus là.

## 26.

La nuance chez Miss France est d'ordre psychosomatique… une déformation de l'esprit.
D'ailleurs, ce n'est pas pour des cacahuètes qu'à l'heure d'aujourd'hui j'n'en décèle que dalle.
Pourtant la colombe des libertés sommeille bien au-delà de tout quadrillage de l'esprit.

Comme Saint Thomas, Miss France ne croit que ce qu'elle voit ; et vu qu'il y a que des clopinettes à voir, alors elle ne croit plus en rien, à part en sa propre image diffusée sur des cavernes des Ardisson.

Qu'importe la société, d'emblée, il aurait fallu consentir sans traficotages les inégalités relatives aux rangs, aux talents ou autres.
C'est de la moindre des choses, au lieu d'autopsier les mots creux d'égalités, fraternités ou autres propices à l'autosuggestion des intentions.
En sachant cela, la vraie différence… et la seule, aurait été notamment la façon d'accueillir l'exclusion des compatriotes moins lotis dans une optique véritablement fraternelle.

À force d'aboyer de l'égalitarisme à tout-va… à qui veut l'entendre, les stigmatisations des exclus ont des germes naturels aux simples faits qu'ils ont eu autant d'avantages qu'autrui.
Conséquence ? Les miséreux, en voulant dégommer les profiteurs du système s'étripent, s'humilient,

s'affaiblissent entre eux pour un kopeck de survie sous le franc sourire d'un certain Léviathan qu'on nomme Fascisme.

Sur fond de banqueroutes étatiques, la pauvreté se mue en solution finale ; et cette impécuniosité grandissante ici ou là n'a qu'un camouflage comme allié : les impôts d'État savamment émiettés.

Durant un florilège de discours imbibés d'apparences encore une fois, on ne veut jamais… ô jamais ! se voir être le dernier maillon des exclus au motif qu'on a aussi avalé la pilule égalitaire de la patrie nourricière.

Cette insidieuse, silencieuse dégénérescence progresse d'un degré qu'il faudrait tôt ou tard que ça se sache… que ça s'entende comme ces brûlures d'estomacs opérés lors des cuites mémorables au Hangar à Bananes.

\*

Comme tant d'autres, j'n'aurais jamais cru survivre à une époque pareille où l'éthique n'est qu'une désuétude… qu'une mouise de spinozistes. Circulez ! Oust !

On s'impatiente à renflouer d'autres nations à coups de millions de bienfaisances alors que Thanatos ne rôde pas si loin. On se préoccupe de la santé du monde alors qu'untel crèche dehors ou qu'un bébé crève d'un trottoir parisien.

Mes frères ! Déterrez-y chaque martyr des guerres d'antan, et posons-leur la simple question s'ils avaient été d'accord de les refaire à la vue d'un tel présent ?
Il y a de fortes chances que les tombes soient aussi vides que la Sécu. Oups !

Notre Française se voit aussi dépensière que la Cigale, et comme la fourmi, pas prêteuse sans intentions.
La Miss aime dilapider l'argent qu'elle ne dispose guère au point de s'endetter sur l'âme des générations futures tout se vantant aux yeux du monde d'une certaine sagacité.

Certains idéalistes en mode hippie nous déballeront que la France n'est qu'un éden où il y a encore une vraie justice sociale.
Puis une fois qu'ils auront débité leurs professions de foi, ils iront idolâtrer leur Dieu PIB en s'accommodant des boucliers fiscaux ou des fraudes entre divers flashs de sourires.

Certains d'entre eux, gueuleront que pour mieux distribuer, il faudrait que les firmes soient dopées de compétitivités en éliminant évidemment les charges salariales. Et avant même d'emboîter la suite, ils délocalisent leurs neurones vers des exemples chinois en vue de rejoindre leurs sociétés déjà installées.

*

D'une alchimie, on injecte des taxes infimes, étouffantes sur les produits de toutes natures... même des premières nécessités.
Un centime par-ci par-là sous l'agrément du citoyen plus disposé à s'abêtir farouchement des gadgets multifonctions qu'à empoigner son destin.

Après avoir dégagé du cash-flow lors des révisions des retraites, voici venue l'irréversible réduction des services publics pour des contreparties militaires ou d'austérités.
Et que fait encore la populace ? Ça se pavane dans une totale indifférence devant la télé ou Facebook... ce Freud d'artifices dès lors qu'il y a des ulcères en enchères.

Bienvenue au règne du chacun pour-soi... de chacun sa tartine de merde jusqu'à ce que les échoppes achèvent ce baptême des âmes en porte-monnaie insatiable.
Et à peine que vous viviez intensément tout ceci, que d'un tour à la Majax, les fruits distributifs s'amenuisent d'une « main invisible ». Et là, hop ! qui trinque ? Toujours les mêmes.
Bref, voilà comment cette pratique, lente, coûteuse de l'eugénisme de la médiocrité anesthésie d'emblée l'œuf de la dissidence.

*

Lors d'une prise de conscience des réalités, la réaction de la réaction ne se fait plus attendre. Panique à bord !
En réponse, ces mêmes fossoyeurs de l'État y vont solennellement de leurs morales culpabilisantes à propos d'une France réticente aux réformes, alors qu'ils n'ont fait que surfer sur la vague de ces situations pour se donner du sens.

Dès l'annonce des déficits publics (résultat des laxismes antérieurs), la présidence octroie des transferts technologiques à divers marchés étrangers en arguant l'urgence de renflouer les caisses comme gestion de crise.
Sa peur d'assumer certaines jacqueries fait qu'elle brade les avancées technologiques en catimini. Puis au gré du temps, l'oubli remplace la réalité, et la voilà en simple sous-traitance de la mondialisation.

*

De ces politiques d'austérités, de restrictions budgétaires… de la rationalisation des élans du cœur, il y aura déjà le paiement rubis sur ongles des rhétoriciens soi-disant progressistes.
Eux ? Ces assureurs du SAV de la débandade nationale… ces godilleurs de salives, nous assèneront de leurs méthodes Coué afin d'y croire ce que leurs âmes n'y croient vraiment plus. Bref, ça sent le caca des pouacres !

En séance d'ultime rattrapage, ils nous bassineront comme quoi ce n'est pas parce que nous sommes égaux en République qu'on l'est vraiment. Ainsi, d'un dernier recours, on distinguera des droits réels et des droits imaginaires dignes d'un marxiste constipé.

Parfois, après avoir eu l'infime chance d'évoquer de plein fouet cette réalité, on vous taxera de marginalité ou de populiste.

\*

Notez-le bien ! Il n'y aura jamais de vrais droits tant qu'il n'y aura aucune fraternité.

Aujourd'hui, on conçoit aisément qu'avec du Droit que l'Homme est à la mesure de toutes choses, et que sa volonté d'inscrire dans le marbre la conscience d'un peuple est une véritable stratégie pour asseoir la domination ainsi que ses prérogatives.

Oui, sous la bannière du Droit le vol s'envole vers les interstices de l'injustice.

Que dire de la prétendue justice indivisible vantée aux forums constitutionnels de l'égo ?

Que dire de ce ramassis d'hypocrisies, d'intentions foireuses envers des indécrottables que nous sommes de l'Absolu ?

Dans la confusion générale, la justice n'est qu'une jurisprudence idéologique ou d'une classe sociale établie. Rien d'autre !

- Une barrette de shit, vlan ! 3 mois ferme.
- Escroquer l'État par divers emplois fictifs comme l'auraient fait Jacques Chirac, Alain Juppé ou autres ! Du sursis, et encore mieux… de la reconnaissance !

Laquelle de ces peines concède plus d'injustices ? Laquelle de ces peines est moins clémente ? À vous d'en juger !

De là, de sa blouse de pingouin, la magistrature, assureuse des plus belles intentions, bombe le torse de l'impartialité juridique pendant qu'elle bégaye son relativisme en démangeaison.

En voyant cela, les petites gens, eux, se façonnent allègrement sur le modèle des magistrats… ces Saint Thomas de l'ignorance qui ne croient que ce qu'ils voient, et qui ne jugent qu'en fonction des faits… que des faits soi-disant têtus savamment distillés à travers les filtres idéologiques, institutionnels ou autres.

Et ces mêmes faits à l'effigie d'un placebo se donneront comme apparence une certaine objectivité dans le bain des médias dits Mainstream pour soutenir, voire fortifier la doxa d'aujourd'hui.

## 27

Une Nation bienséante n'humilie jamais les gens ; et en voyant certains protocoles en la matière, il y a de quoi prendre la ciguë d'un grec d'antan.

Qu'importe le bled appartenu, c'est au flanc même du bien commun qu'on se construit, on se fortifie de l'incertain.
Bien commun transcendant l'intérêt général par de nouvelles politiques d'aménagements du territoire afin de concilier l'exigence mercantile aux nécessités inaliénables des habitants.
De ce fait, nos actes, on transmettra les vraies, les seules valeurs, qui naturaliseront par voie de conséquence nos descendances.

Sachez que personne à la naissance, n'est ni bon ni démon. On est simplement ce qu'on transmet. Voilà comment la sagesse parle aux renégats.

Quelquefois, lors d'un SAV des intentions dignes d'un évangéliste, on nous vante débonnairement les vertus du système de santé aux faits que les étrangers viennent de très très loin pour s'y faire soigner.
Enfin, rien d'étonnant, que beaucoup de Français rêvent d'être le touriste de leur propre pays en ressentant cela.
— Vous êtes ici depuis combien de temps ? Quelques jours ? OK ! prenez ce que vous voulez.

— Et vous ? Depuis combien de temps êtes-vous ici ? Depuis toujours ? Circulez ! Crevez !

On nous ressasse incessamment que la divine redistribution n'est d'aucun point de l'assistanat, mais de la philanthropie afin d'enrayer les séquelles intentionnelles ; puis au fur et à mesure, vous vous penchez vers l'essaim, et vous vous piquez des yeux en entrevoyant les cadenas en tout point.

De là, on dote quelques zombies le RSA comme une prime de non-nuisance à la classe caviarde… et refile des boucliers ou niches fiscales aux petits-bourgeois récalcitrants.
RAS ! C'est le contrat social de la peur, basé sur du chantage émotionnel. Et une fois que chacun a eu sa fragile garantie, la machinerie des spoliations perdure par des taxes savamment diluées, disséminées finement au point d'y voir que des chimères d'ecstasy à taux variables.

De fil en aiguille, vous revoici donc muni d'un badge identitaire : la CMU, qui fait sursauter aussi bien les secrétaires qu'aux praticiens ayant biffé le serment d'Hippocrate dès l'obtention du diplôme.
— Dire qu'on a cru que ces aides n'eussent été qu'une possibilité d'être, et non des somnifères améliorés. Soliloque l'assisté.
Qui a eu son assistanat chéri ? Levez le doigt pour qu'on le voie ?

On vous badinera d'allocations multiples jusqu'à ce que vos muscles soient aussi faiblards qu'un nourrisson en guise de préservation du zoo actuel. Et une fois l'impératif rempli… Bingo ! on se la coule douce tout en gérant la maintenance des compassions semi-automatiques.

J'exagère sans doute, radote à force de sniffer ces sélections culturelles de l'oseille semblables à de l'acétone.

*

Tel un OVNI, on se définit outrageusement au visage d'un plus paumé que soi.
On rêve d'être des moutons des contrats précaires en sachant qu'il y aura l'abattoir au bout du tunnel.

D'un supermarché à l'autre, vous vous pavanez de caissettes de viandes en ne bouffant qu'en songe à la vue du prix.
En effet, la dèche aurait voulu que vous vous gaviez de viandes à péremption immédiate au point que lors du scan la caissière se pince déjà le nez. Beurk ! Pour elle, c'est du laxatif à moindre coût, et pour vous, c'est aussi dégueulasse, immangeable qu'une rancœur qui finira par y bouffer vos dernières aurores.

*

D'une extrême misère au point d'y clamser, la honte a eu son rubicond, et s'est affranchie en allant frapper aux portes des associations caritatives.

Dès le franchissement du local, vous existez par un dossier d'urgence, après avoir rempli, signé une page de flagellation à votre fierté.

— Oui, m'sieur, vous pouvez comme quiconque avoir de l'aide à condition évidemment que vous acceptiez d'être aux registres des mendicités.

Et voilà comment s'institutionnalise la pauvreté afin d'y voiler la vraie pauvreté de l'âme.

\*

Ça swingue au festin des dissonances cognitives où l'organe est archi rempli au détriment de votre âme qui regrette déjà amèrement.
Une fois le cabas rempli de victuailles à gogo, vous vous éclipsez afin de vous épargner toute culpabilisation liée à votre condition de crève la dalle.
Impossible de s'inventer autrement que sur Meetic ou Facebook, quand le réel n'est qu'un horizon de répugnances. C'est dire que même le dernier des plus optimistes a succombé pour s'être défini à son ombre.

Que font ces soi-disant élites devant vos délitements ou tiraillements ?

Elles… ces bidonneuses de l'émotion qui ne savent que côtoyer toute vulgarité pour se donner un air accessible. Voilà donc l'image qu'ont ces élites à propos de nous. Du vulgaire ! Du vulgaire !

Pour elles, chaque thème sorti au hasard du chapeau électoral renvoie en filigrane à un jeu d'échecs bigrement malicieux.

La Sécurité a supplanté d'une pirouette la fracture sociale d'un monde ayant eu la force tranquille. L'écologie, le chômage, voire l'identité naZionale, sont déjà en salle d'attente des illusionnistes hors pair recrutés à l'école des flibustiers.

\*

Cessons donc les promesses intenables !

Soyons enfin l'incarnation de la tempérance sans volontés carriéristes… aliénistes.

Que faire au-delà des récitals d'intentions qui vous épient d'un œil si familier à force d'y être conviés aux banquets de la nation ? Que faire ?

Aux sons d'une telle interrogation, ces mêmes élites, suspendues aux frocs des traditions, s'arment déjà de prolos ambitieux… impatients d'être des guillotines bourgeoises.

Ainsi, dans ce sprint de l'exclusion, chacun évince du circuit son voisin de palier… aussi bien que son honneur, pour épouser le destin d'un bout de viande à la cause des oligarchies.

Enfin, ce n'est d'aucun schmilblick qu'un tel prolo qui s'entiche de superflus mérite la soumission qu'il endure. Et en le voyant ainsi, aussi bienheureux lorsqu'il gagne sa servitude, on ne peut que s'enfuir… s'oublier à tout jamais.

## 28

Que dire des aïeux qu'on laisse aux bancs des hospices en écho d'un égotisme décomplexé ?
Que dire des chérubins qu'on laisse devant les écrans comme un stage préparatoire à l'isolement ?
Que dire de ces distributeurs des allocs qui vous décernent l'Oscar du relanceur de la consommation, des mastications des illusions ? Des illusions qui vous propulsent dans le ventre mou des prochains revolving avant le suicide.
Que dire de ces services asociaux qui vous gavent d'aides jusqu'à l'obsolescence, et qui vous lâchent d'un coup par des phrases du genre « désolé, mais nous avons des contraintes budgétaires » ?

Ultras conscients des dégâts occasionnés sur le climat anxiogène du pays, certains députés, sénateurs, maires ou autres n'ont qu'une Monica Lewinsky en guise de thérapies ou des chapelets de clémences en option, ou des prières de droits à l'Oubli à la vue des corruptions d'autrefois.
Et c'est sous la coupe des admirables intentions qu'ils le font envers ce peuple décidément complice par sa faculté d'avoir de l'admiration... voire du pardon facile au moindre trémolo dans la voix.
Puis, peu à peu, qu'on soit d'en haut ou d'en bas, l'éternel retour des élections va pointer son nez de clown lors d'un énième Cosby-Show présidentiel.

\*

Comme dans un jeu vidéo, on n'aspire qu'à faire de la politique pour s'éloigner d'une condition animalière un peu trop collante.

Chacun à son palier aimerait bien se taper les parures sans éveiller les velléités du voisin qui lui aussi a déjà placé ses pions dans la conscience d'autrui.

De là, on proclame haut et fort par mimétisme d'un dictateur qu'on veut être le fidèle représentant du peuple… que du peuple tout en se couvrant d'un idéal contraire à celui-ci.

Et pour ce faire, on désacralise déjà les symboles, les institutions, sa fonction d'un poujadisme à la sauce démago.

Que ça se sache ! Ces flatteries n'émeuvent jamais les pavés de la guillotine. – Surtout ceux qu'on couve des géhennes.

Vous savez, ce n'est pas QUE par amour qu'on serve mieux l'intérêt de son peuple, mais c'est aussi par l'éventualité d'une certaine peur… peur d'une sanction morale, physique pouvant même aller jusqu'au bucher de la traitrise.

*

Toute bonne gouvernance nécessite de la parrhèsia… un certain courage de la vérité, même si ça peut paraitre déplaisant.

Or, depuis que l'imposture s'est affublée d'un blason démocratique, les présidents élus ne font que reporter indéfiniment les gaspillages aux gouvernements successifs tout en se donnant de faux airs de sages lors de leurs départs.

De leurs mascarades, chacun d'eux a eu son rôle d'ingénieur de maintenance des oligarchies au détriment du peuple.
Qui dévoilera de toute son âme la vraie conjoncture du pays ? De ses marges rétrécies liées ainsi que de son état actuel lors des spoliations successives de la Droite, et de la Gauche ?

Dire la vérité… rien que la Vérité, sans trembler, sans faiblir par amour afin que les promesses, les intentions n'aient jamais l'arrière-goût des opiums de jadis.

Souvenez-vous-en, hier, ils arguaient du pouvoir de la politique dans le concert des Nations en étant les présidents du pouvoir d'achat… de la cohésion… de la justice sociale… de l'anti-fracture sociale… de l'anti-banque… de l'anti-chômage ; et, une fois qu'ils sont au firmament de l'Élysée, ni vu ni connu, la rengaine de l'assistanat prend de l'ampleur.
Finalement, nos p'tits rhéteurs hors pair balancent de telles vérités sous l'autel des divisions en se gavant tellement que même la guillotine se refuse à eux.

## 29

Des dirigeants de Miss France s'écroulent délibérément sous leurs œillères.

En passant d'un paternalisme à un relativisme à la vitesse d'un Fulguropoing, ils révèlent à quel point nous sommes que des ajustements à leurs desseins.

Eux ? Ces messieurs, dont les habitus de prédations s'entremêlent à leurs yeux emphatiques à l'annonce des licenciements.

Sur ce, entre la racaille des banlieues et eux, la devise du mousquetaire est : « Niquons la France ! Un pour tous, et tous pour MOI ! ».

Miss France ravitaille le miséreux des diplômes pour le chômedu sacralisé.

Elle octroie des Légions d'honneur aux sans-honneurs comme du service rendu ; elle incite, exalte la misère des DOM-TOM ou d'ailleurs, avide de réussites pour l'abattoir de la guerre sanctifiée.

Et le miséreux n'ayant rien demandé d'autre que de survivre se voit être mort au combat pour la patrie bancaire qui vendra chèrement son logement... sa culture aux nouveaux gentils touristes.

La voilà donc Miss France, orgueilleuse dans ses hémicycles... ultra fière de son ascenseur social, donneuse de leçons à propos du rôle positif de la colonisation.

Quand l'esprit du Talion s'affermit entre les citoyens, elle s'injecte de réconciliation nationale en sponsorisant les sursauts collectifs via des Téléthons, les Restos ou autres. Or, à bien s'y méprendre, c'est aussi pour elle un moyen de se désengager du destin commun.

J'les vois, ces prophètes de l'indigence, pilonner le peuple de relativismes de sorte qu'il soit des résignés professionnels à tout jamais.
J'les vois, ces collaborateurs du renoncement à balles réelles… ces bonimenteurs parasitaires qui glorifient toute déchéance en soutien de Sa Majesté : CAC 40.
J'les vois, ces prosélytes qui vous vendent le Graal pour quelques génocides salutaires ; ces colonialistes de l'usure… ces publicistes eschatologiques qui vous hadopisent les synapses… ces vomitifs d'électrochocs en sourdine, ces journalistes, proxénètes de l'angoisse, qui vous filent leurs morbaques à haut débit.
Et à chaque fois que mes pupilles se posent sur un tel inventaire plus que jamais agonisant, j'entends leurs sourires de Joker à en faire frémir Thanatos.

Chacun de ces hommes précités abuse, spolie, rançonne sans pudeur en tétant le sein meurtri de la Providence. Ils s'acharnent jusqu'aux dernières gouttes tout en fustigeant son semblable de profiteur du système… d'antipatriotisme.
Enfin, que chacun ait sa petite avarice de confort, surtout quand la tétine s'avère tellement juteuse qu'il n'en reste plus rien pour les générations à venir !

De ces morosités ambiantes où le chômage pullule, où des Miss Guantánamo s'accumulent, la vigilance s'enfle à nos gangrènes, et le besoin d'humanité n'est pas qu'une option, mais… un impératif.

En vérité, en vérité, j'vous le dis, l'homme qui se bat pour un idéal sans aucune volonté carriériste est une liberté. De ses entrailles s'enfante la Colombe d'un siècle qu'il ne verrait sans doute jamais.
Prenez soin de lui, mes frères ! Couvrez-le des fardeaux des envieux ! Car c'est l'envoyé du monde qui sonne à la porte des réalités moroses.
En se battant pour sa peau… sa volonté d'affirmer son être, il recèle plus de libertés que celui qui s'étripe en son nom. Oui, prenez soin de lui !

Ô, mes frères ! tant qu'un homme n'a pas encore découvert l'ultime raison pour laquelle il serait prêt à périr, il n'est pas digne d'exister, donc de vivre.
Tout ceci, vous le savez. Car ces vérités étaient déjà ancrées en vous ; et que le magnat de la confusion… de la division voulait qu'elles ne rejoignent jamais la rive de votre bon sens.
Or, quelque part au crépuscule du désespoir, s'illumine déjà la lisière d'une évidence… d'une volonté d'exister.
Et moi, n'ayant qu'œuvré aux refuges des pleines solitudes, j'serai là… toujours là… encore là, en soutien de ceux qui ne lâcheront jamais l'affaire.

Printed in Great Britain
by Amazon

45332909R00076